우리는
학생부종합전형
으로 대학 간다

· 선배가 후배에게 들려주는 수시 합격 이야기 ·

우리는 학생부종합전형으로 대학 간다

글 윤태호

학생부종합전형에 관심이 있지만 어디서부터 어떻게 준비해야 할지 모르는 학생들과 학부모들을 위한 지침서

서울 주요 대학 전체 정원의 36%를 선발하는 학생부종합전형

누구나 궁금하지만 누구도 확실하게 얘기해 주지 않는 학종 이야기

학종으로 합격한 선배들이 후배들에게 들려주는 생생한 학종 이야기

좋은땅

머리말

2015개정교육과정이 적용되는 올해 2022년 입시에는 많은 변화가 있습니다. 가장 큰 변화라고 한다면 수능이 국어와 수학 과목이 공통과목과 선택과목으로 구분하여 수능을 치르는 선택형 체계로 변경된 것과 학생부종합전형과 논술전형의 비율이 높은 서울 주요 16개 대학들이 교육부 권고에 따라 수능위주전형이 확대한 것을 들 수 있습니다. 비록 서울 주요 16개 대학들에 국한되어 수능위주전형이 확대된 것이지만 그 동안 꾸준히 증가하던 학생부종합전형의 선발 인원이 2022학년도 입시에서는 줄어들게 되었습니다. 학생부종합전형을 준비하고 있던 학생들에게는 속상한 변화입니다. 그런데 수도권 대학의 수능위주전형의 확대 이슈에 가려 우리가 미처 보지 못한 것이 있습니다. 그것은 수도권대학의 지역균형선발 확대와 서류 블라인드 선발의 도입입니다. 교육부는 수도권 대학에 지역균형선발을 각 대학 입학정원의 10%이상을 운영하고 교과성적 위주로 선발할 것을 권고하였습니다. 이것은 지역 고교 수험생들이 내신으로 대학을 갈 수 있는 기회가 더욱 확대된다는 것을 의미합니다. 서류 블라인드 선발은 대입 평가 전과정에서 수험생의 개인 정보와 고교 정보를 블라인드 처리 후 평가하는 것을 말합니다. 각 고등학교에서 대학으로 보내던 고교 프로파일도 폐지하게 됩니다. 이것은 특목고나 자사고의 후광효과가 일정 정도 줄어들고 상대적으로 교내 활동을 많이한 지역 수험생들이 대입 평가에서 유리해지는 상황이 발생할 수 있다는 것을 의미

합니다. 조금더 희망적으로 관측해 보면 특목고나 자사고 등 내신보다는 수능에 유리한 고교 출신 수험생들이 학생부종합전형에서 수능위주전형으로 돌아서면서 지역 고교 수험생들이 수도권 중상위권대학에 학생부종합전형으로 합격할 수 있는 기회가 더 넓어질 수 있다는 것을 예측해 볼 수 있습니다.

더군다나 수시의 경우 총 6개의 원서를 쓸 수 있는 반면 정시는 총 3개의 원서를 쓸 수 있습니다. 정시를 준비하고 있는 학생이라도 수시 학생부종합전형을 꼭 함께 준비해야 하는 이유입니다.

하지만 학생부종합전형을 준비하려 해도 학생부종합전형에 대한 정확한 정보가 없는 일반 학생들에게는 학생부종합전형을 어떻게 준비해야 할지 막연하게만 느껴질 수 있습니다. 더 나아가 학생부종합전형이 일부 특목고, 자사고 학생이나 특정 계층에게만 유리한 전형이라는 오해로 아예 처음부터 학생부종합전형은 생각도 하지 않는 학생이나 학부모들도 많은 듯합니다.

학생부종합전형이 특정 학생들에게만 유리하다거나 부모의 특별한 능력이 있어야 준비할 수 있다는 생각은 정말 오해라고 이야기하고 싶습니다. 물론 학생부종합전형이 도입된 초창기에는 일부 학생에게 유리한 전형인 측면도 있었습니다. 학생부종합전형은 2009년부터(구 입학사정관전형) 본격적으로 시행되었는데 그때는 자기소개서에 교외 대회 수상 실적, 공인 어학 성적, 해외 유학, 해외 봉사 경험 등을 모두 기록할 수 있었습니다. 때문에 그러한 화려한 스펙을 쌓을 수 없는 대부분의 일반 학생들은 학생부종합전형을 준비할 엄두를 못 낸 것이 사실입니다. 더군다나 학생부종합전형 초기에는 선발 인원도 많지 않아 미리부터 계획적으로 준비한 일부 학생들만 합격할 수 있어 금수저 전형이라는 이야기가 나올 법도 했습니다.

하지만 지금은 과거 문제가 되었던 부분들이 모두 개선되어 외부 수상이나 해외 경험 같은 교외 활동은 학생부종합전형에 일체 사용할 수 없으며 오직 교내 활동을 기반으로 지원자를 평가하고 있습니다. 그리고 2022학년도부터는 학교생활 기록부에 기재되는 내용이 더욱 간소화되고 자기소개서의 분량도 줄어듭니다. 2023년도부터는 자기소개서까지 폐지되어 학생들이 학생부종합전형을 준비하는 부담은 더욱 줄어들 전망입니다.

이 책은 학생부종합전형에 관심이 있지만 어디서부터 어떻게 준비해야 할지 모르는 학생들과 학부모들을 위해 기획되었습니다.

학생부종합전형에 대한 원론적인 이야기가 아닌 실제 학생부종합전형으로 대학에 합격한 대학생들의 이야기를 들어 보았습니다. 그리고 학생부종합전형으로 대학에 합격한 선배로서 학생부종합전형을 준비하는 후배들에게 꼭 해 주고 싶은 나만의 공부 비법부터 면접 준비 과정과 면접 꿀TIP, 알찬 고등학교 생활을 위한 선배들의 진심 어린 조언 등 선배들의 생생한 이야기들을 모아 보았습니다.

이 책에 수록된 합격생들의 이야기가 반드시 정답은 아닐 것입니다. 하지만 앞서 학생부종합전형을 준비한 선배들의 생생한 경험담을 듣는 것만으로도 학생부종합전형을 준비하는 학생과 학부모들에게 학생부종합전형에 대한 자신감을 키워 주는 소중한 밑거름이 될 것이라 확신합니다.

이 책은 학생부종합전형으로 서울권 대학과 교대에 합격한 합격자들의 자기소개서와 인터뷰로 구성되어 있습니다. 인터뷰에 참여한 대학생들은 경기도, 충북, 충남, 경남, 부산, 전남, 강원도 등 전국의 비서울권 고등학교 출신입니다. 특정 학군 출신이 아니어도 학생부종합전형으로 충분히 인서울이 가능하다는 것을 이 책을 읽는 학생들에게 보여 주고 싶었고 책을 마무리하는 지금 이러한 기획 의도를 최대한 이 책 안에 담기 위해 노력했습니다.

이 책을 꼼꼼하게 읽고 선배들의 생생한 합격담이 여러분의 합격담으로 이어지기를 기원합니다.

후배들을 위해 흔쾌히 인터뷰에 응해 준 선배분들에게 진심으로 감사의 마음을 전합니다.

차례

I

학생부 종합전형이란?

대입 전형은 크게 정시와 수시로 나누어진다. 정시는 수능위주 전형과 실기위주 전형으로 나누어지고 수시는 학생부교과, 학생부종합, 논술위주, 실기위주 전형으로 나누어진다. 각 전형별 선발 비율은 각 대학이 자율적으로 결정하게 되는데 논술과 실기의 경우 사교육의 영향을 많이 받는다는 우려가 있어 대학들이 교육부의 대입 정책에 맞추어 선발 비율을 줄여 가고 있는 추세다.

대학수학능력시험이나 교과성적과 같이 점수로 정량화가 가능한 선발 방식에서는 점수의 높고 낮음에 따라 합격이 결정된다. 평가에 대한 공정성이나 객관성에서 본다면 가장 간단하고 편리 방법일 수 있다. 하지만 학생의 잠재력이나 발전가능성 등에 대한 정보를 단순히 점수만을 보고 판단하기는 어렵다. 예를 들어 1등급을 받은 학생은 해당 과목 문제를 잘 푼다는 것은 증명할 수는 있지만 실제 지원 학과에 대한 지원자의 열정이라든가 대학 진학 후 어떠한 발전을 보일 것인지 대해서는 보여 주기 어렵다. 이런 이유로 도입된 것이 학생부종합전형이다. 학생부종합전형은 입학사정관 등이 참여하여 학교생활기록부, 면접 등을 통해 학생을 종합적으로 평가하는 전형이다.

교과 성적이나 대학수학능력시험 성적 등으로 정량평가하는 것이 아니라 지원자의 학업역량, 전공적합성, 인성, 발전가능성 등을 면접과 학생부 등 제출한 서류를 바탕으로 종합적으로 평가하게 된다. 학생의 성과를 결과만으로 단순 평가하는 것이 아니라 교육환경과 지역적 특성 등을 고려하여 학생의 미래를 보고 평가하게 된다.

성적 위주로 학생을 선발하는 경우 자칫 우수한 잠재력을 지닌 학생이 기회를 놓칠 수 있어 이를 보완하기 위한 전형이 학생부종합전형이라고 보면 된다.

대입전형 유형

<table>
<tr><th colspan="3">대입 전형</th></tr>
<tr><th>정시</th><th colspan="2">수시</th></tr>
<tr><td rowspan="2">수능</td><td rowspan="2">학생부</td><td>학생부종합전형</td></tr>
<tr><td>학생부교과전형</td></tr>
<tr><td rowspan="2">실기</td><td colspan="2">논술</td></tr>
<tr><td colspan="2">실기</td></tr>
</table>

선발 방법은?

선발 방법은 주로 1단계 서류 평가를 통해 일정 배수를 선발한 후 2단계 면접을 실시하여 최종 선발을 하게 된다. 서류 평가는 학생부를 기본 서류로 하고 대학에 따라 추천서 및 활동보고서 등을 요구하기도 한다.

면접은 크게 일반면접과 심층면접으로 진행된다. 일반면접은 학생부 등 서류 내용 확인과 인성 평가를 위한 질문이 주를 이룬다. 심층면접은 제시문을 통해 전공에 대한 소양을 평가하게 된다.

대학별로 중요하게 평가하는 요소들이 조금씩 다르므로 각 대학의 면접 반영 비율, 면접 평가 방법 등을 꼭 확인해 봐야 한다. 면접 시 심층면접을 실시하지 않거나 서류 100%로 선발하는 대학이 점차 늘어나는 추세다.

대학 입학처 홈페이지에 가면 학생부종합전형 안내서를 확인할 수 있다. 대학이 지원자를 평가할 때 중요하게 생각하는 것이 무엇인지 자세하게 설명되어 있어 대학의 평가 항목에 대한 이해를 높일 수 있다.

서류 평가는 어떻게 이루어질까?

학생부종합전형의 서류 평가는 학생부를 기반으로 이루어진다. 학생부종합전형은 제출된 서류를 바탕으로 정성적, 종합적으로 평가가 이루어지기 때문에 제출된 서류 간 배점이나 반영 비율이 존재하지는 않는다.

학생부는 고등학교 3년 동안 학생이 어떻게 생활했는지를 보여 주는 공식적인 자료다. 대학은 교과 성적뿐만 아니라 창의적 체험활동, 세부능력 및 특기사항, 독서활동, 행동특성 및 종합의견 등 학생부에 기재된 항목을 통해 기초학업역량이나 전공적합성, 인성, 발전가능성 등을 종합적으로 평가하게 된다.

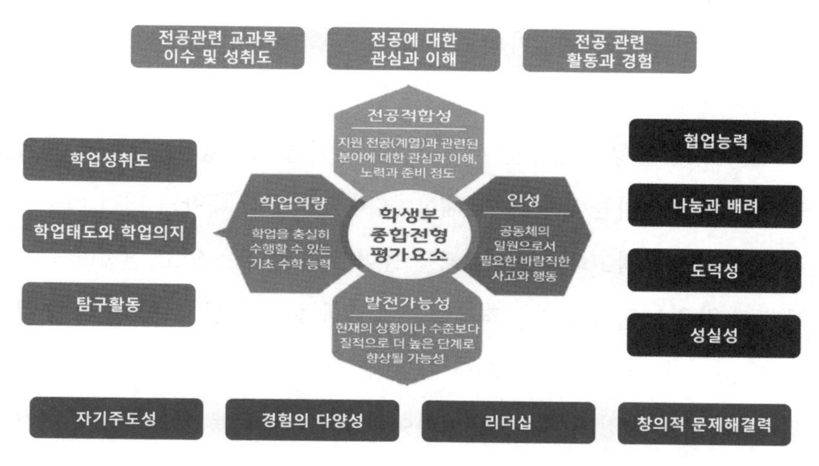

출처 : 6개 대학 공동연구 '대입 전형 표준화방안 연구'

면접은 어떻게 진행될까?

대학은 지원자가 제출한 서류를 바탕으로 지원자를 평가하는 것이 어느 정도 가능하지만 지원자가 제출한 서류의 내용이 실제인지 서류에서 보여 준 역량 외에 잠재적인 역량은 없는지를 평가하기 위해 면접을 실시하게 된다. 때문에 면접은 지원자가 지닌 잠재력을 드러낼 수 있는 기회이기도 하다.

학생부종합전형의 면접은 크게 서류를 확인하기 위한 일반면접과 제시문을 활용한 심층면접으로 이루어진다.

면접방식은 개별면접, 집단토론, 발표가 있는데 면접관 2~3명이 지원자 1명과 질의응답을 하며 진행되는 개별면접이 가장 일반적인 방식이며 질문 유형은 제출한 서류의 사실을 확인하는 사실확인면접과 과거의 행동이나 경험을 통해 지원자의 발전 과정을 평가하는 역량면접이 일반적인 방식이다.

학생부종합전형은 대부분 서류평가와 면접평가로 평가가 이루어지지만 면접이 차지하는 비율은 각 대학마다 다르다. 각 대학의 면접 비중을 확인해 지원에 참고해야 한다. 예를 들어 수능 최저는 없고 면접만 있는 대학의 경우 면접이 합격을 좌우하는 중요한 요소가 될 수 있다. 면접 없이 학생을 선발하는 대학도 있다. 참고로 서울 주요대학 중 서강대, 성균관대, 한양대, 중앙대, 홍익대, 이화여대 등은 학생부종합전형에서 면접과 수능최저 없이 서류평가만으로 학생을 선발한다.

과학기술특성화대학

과학기술특성화대학은 교육부에서 지정한 이공계 특성화 대학으로 일반 대학은 다양한 계열의 학과와 단과 대학을 가지고 있지만 과학기술특성화대학은 과학기술 분야 인재 양성에 초점을 맞춰진 대학인 만큼 자연계열과 공학계열 학과 및 단과 대학이 대학 구성의 대부분을 차지한다.
KAIST(한국과학기술원), GIST(광주과학기술원), DGIST(대구경북과학기술원), UNIST(울산과학기술대학교), POSTECH(포항공과대학교) 5대학이 있다.
과학기술특성화대학은 수시에서 학생부종합전형만으로 학생을 선발하는데 수시 원서 접수 시 적용되는 6개 이하 지원 조건의 영향을 받지 않는다. 때문에 일반 대학은 최대 6개까지 지원이 가능하지만 과학기술특성화 대학은 지원자가 원하는 만큼 지원이 가능하다.

II

선배가 후배에게 들려주는 합격 이야기

01. 인문계열

한국외국어대 정치외교학과 20학번

Q01 고교 동아리활동을 하면서 중점을 둔 것은 무엇인가요?

동아리활동을 하면서 중점을 둔 것은 봉사와 진로, 두 가지다. 봉사와 관련 있는 동아리 하나와 진로와 관련 있는 동아리를 가입하여 3년 동안 활동했다. 만약 동아리를 하나만 선택해야 한다면 진로와 관련된 동아리에 가입하는 것이 더 좋다고 생각한다. 내가 고등학교에서 하고 싶은 활동을 하기에는 동아리가 가장 좋은 수단이기 때문이다.

Q02 교내 상을 준비/수상하는 노하우가 있다면?

수행평가에서 상을 주는 대회가 있다. 그러한 것을 열심히 해서 상까지 노려보는 것이 제일 좋다고 생각한다. 또 혼자 나가는 대회도 좋지만 친구들과 팀을 이뤄서 나가는 대회를 준비하는 것도 좋다고 생각한다.

Q03 고3 여름 방학 활용에 대해 조언한다면?

수시를 준비하는 사람이라면 꼭 자소서를 쓰기 시작해야 한다고 생각한다. 그리고 자소서를 쓰기 위해 대학교를 선택할 때 너무 많은 고민은 하지 않는 것이 좋다고 생각한다. 어차피 원서 기간이 되면 많은 고민을 하게 되니 이때는 자소서에 집중을 하는 것이 좋다. 자소서를 쓰기 시작할 때가 가장 오래 걸리기 때문에 그러한 과정을 여름 방학에 끝내야 2학기가 시작된 후 자소서와 공부를 효율적으로 병행해 나갈 수 있다.

위에서 했던 말과 같이 자소서를 처음 시작할 때는 몇 시간이 지나도 한 줄도 못 쓸 때가 있다. 그렇게 되면 하루를 날려 버리는 경우가 생기므로 자소서를 쓸 때는 몇 시까지 할 건지 정확한 시간을 정해 두고 하는 것이 중요하다.

Q04 혹은 본인만의 공부법이 있다면?

모든 과목을 공부할 때 개념을 중시하였다. 개념을 친구가 물어보면 바로 말할 수 있을 정도로 외워 두었다. 또한 교과서를 매우 꼼꼼히 읽었다. 이러한 방법으로 한 문장 한 문장을 이해해서 지엽적으로 나오기도 했던 내신을 완벽하게 대비할 수 있었다. 또한 개념이 어느 정도 확립되었을 때는 문제도 같이 풀기 시작하는 것이 좋다. 문제를 풀면서 알게 되는 개념이 있기 때문에 개념이 완벽하게 확립되지 않았다고 계속 개념만 외우는 것보다 문제를 풀어 보는 것을 추천한다.

Q05 학교생활 중 수시 준비 과정에서 나만의 전략은?

나의 진로와 관련이 있는 활동이라면 다 참여하고 나에게 어떠한 의미를 가지기 위해서 노력했다. 여기에서 진로와 관련이 있는 활동이라는 것은 단순히 '정치와 외교'에 관한 것이 아니라 조금이라도 관련이 있다면 다 참여하는 것을 의미한다. 예를 들어 중국경제연구원님의 강의를 들을 기회가 있다면 보통은 경제 관련 진로를 희망하는 친구들만 듣지만 중국이라는 나라에 대해서 알 수 있을 거라는 생각에 듣는 것과 같은 것이 있다.

Q06 후배에게 추천해 주고 싶은 책이 있다면?

만약 정치외교학과를 희망하거나 유엔에 관심이 있다면 장 지글러의 《유엔을 말하다》를 추천한다. 이 책은 현재 유엔의 실상을 냉혹히 말하고 있는 책이기 때문에 국제기구 종사자가 꿈이라면 꼭 읽는 것을 추천한다.

Q07 효율적인 공부를 위한 시간 관리 노하우가 있다면?

시간 관리를 잘할 수 있는 가장 좋은 방법은 해야 할 일을 적고 적은 항목들 사이에서 중요한 순서대로 번호를 매기는 것과 예상 소요 시간을 적는 것이다. 그렇게 하면 체계적으로 해야 할 일을 할 수 있고 자신의 목표를 더 잘 달성할 수 있다.

Q08 수능 전 컨디션 관리는 어떻게 했는지?

나는 주로 밤에 공부하는 성향이고 아침 잠이 많기 때문에 컨디션 관리를 중요하게 생각했다. 심지어 경기도는 9시 등교였기 때문에 한달 전부터는 일부러 등교 시간을 8시라고 생각하고 일찍 등교하였다.

Q09 학교 생활 중 교과 외에 가장 중점을 둔 활동은?

정치소학회 활동(몽실, 몽실잇기)을 가장 열심히 했다. 정치외교학도를 꿈꾸고 있는 나에게 그동안 내가 진로와 관련되어 하고 싶었던 활동을 할 수 있는 곳이 이 동아리라고 생각했기 때문이다. 그 결과 국회 의원을 만나 토크 콘서트를 개최할 수도 있었고 모의 유엔, 정책 마켓 프로젝트 참여 등 다양한 활동을 통해 진로 관련 지식을 쌓아 나갈 수 있었다.

Q10 노트 필기나 개념 정리 노하우가 있다면?

나는 따로 노트를 정리해서 공부하기보다는 선생님께서 주시는 학습지나 교과서에 주로 필기를 했다. '단권화'가 목표였기 때문인데 이렇게 한 곳에 필기를 하면 시험 전에 볼 때 한 번에 중요한 내용을 모두 볼 수 있기 때문에 시험 직전 총정리에 매우 용이하다. 수능 때도 개념서나 수특에 계속 필기를 해 놓으면 마지막에 한 번에 중요 내용을 총정리 할 수 있어 좋았다.

Q11 면접은 어떻게 보았나요?

(1) 면접 준비 방법과 면접 노하우는?

생기부에서 예상 문제를 뽑고 면접관이 꼭 물어볼 것 같은 질문은 완벽히 답변을 작성해서 외우고 다른 질문은 키워드 형식으로 기록해 놓고 말로 답변해 보는 연습을 했다. 면접 시간이 길지 않다면 독서에 대한 면접 질문을 준비할 때 진로와 관련된 책을 위주로 준비해도 된다고 생각한다.

(2) 면접 방식

교수님과 입사관 두 분과 면접을 보는 2대 1방식이었고 인성 질문과 생기부 기반의 질문을 받았다.

(3) 면접 문항과 답변

처음에 "준비해 온 것을 해 보세요"라고 해서 자기소개를 했는데 긴장이 돼서 잘 하지 못했다. 그 다음에 정치와 외교에 관한 질문이 시작되었고 준비한 질문이어서 답변을 순조롭게 했다.

연동형 비례 대표제에 관련한 활동을 하였는데 교수님께서 이 제도에 대해 어떻게 생각하냐고 질문하셨다. 원래 준비한 질문을 반기면 안 된다. 준비한 질문과 준비하지 않은 질문이 차이가 나기 때문이다. 하지만 내가 이 질문을 받았을 때 매우 반기면서 답변을 시작했다. 이러한 내 모습을 보고 교수님께서 굉장히 좋아하셨다. 그때부터 자기소개를 잘 하지 못해서 굳어져 있던 분위기가 풀어졌고 그 이후로 답변을 잘 해 나갔다.

지금 생각해 보면 전공과 관련 있는 질문이면서 교수님 생각에는 어려운 질문이라고 생각했는데 너무 반겨서 좋게 봐 주신 것 같다.

《유엔을 말하다》라는 책의 내용을 물어보고 이 책을 읽은 뒤의 생각을 물어보셨다.

(4) 면접 후 아쉬운 점이나 후배에게 전하고 싶은 면접 팁이 있다면?

처음에 면접관들이 긴장을 풀어 주기 위해 노력하셨는데 엄청 긴장해서 첫 질문에 대한 답변을 잘하지 못한 것이 아쉽다. 자기소개나 지원한 이유와 같은 것은 정말 달달 외워야 한다!!

Q12 본인이 합격한 가장 중요한 요인은 무엇이라고 생각하나요?

가장 중요한 것은 내신이라고 생각한다. 내신이 어느 정도 안정적인 상태에서 외대에 지원한 것이었기 때문에 면접을 볼 때도 자신감이 있었고 떨리는 상황에서도 금방 평정심을 찾을 수 있었다. 또한 면접에서 자신이 알고 있는 것을 다 보여 주고 나왔기 때문에 붙을 수 있었다고 생각한다.

면접에서 자신감이 생길 때는 두 가지 경우가 있다. 성적에 기반하여 자신이 붙을 가능성이 높다고 생각할 때와 면접 준비를 정말 열심히 해서 어떤 질문에도 잘 답변할 자신감이 있을 때다. 이 두 가지를 다 가진다면 면접을 잘 볼 것이라고 생각한다.

Q13 마지막으로 선배로서 후배들에게 꼭 해 주고 싶은 조언이 있다면?

결국 수시에서는 자신을 얼마나 잘 드러내는지의 차이로 합불이 결정된다고 생각한다. 내가 수시를 준비할 때에도 나를 표현하는 게 무엇인지에 대해 가장 많은 고민을 했던 것 같다. 지금부터 나는 어떤 사람인가에 대한 고민을 했으면 좋겠다.

01. 인문계열

연세대학교 심리학과 20학번

Q01 고교 동아리 활동을 하면서 중점을 둔 것은 무엇인가요?

일단 동아리가 자신이 관심 있어 하는 분야에 대한 열정과 관심을 가장 잘 보여 줄 수 있는 경로라고 생각했다. 그래서 지원하고자 하는 학과(심리학과)와 관련된 동아리를 가입하였고, 2학년 땐 해당 동아리의 기장도 하면서 심리 실험을 직접해 보는 걸 기획하기도 하였다. 이를 통해 학과에 관한 나의 관심과 열정을 보여 주는 데 중점을 두었다.

Q02 고3 여름 방학 활용에 대해 조언한다면?

고3 여름 방학은 수능 준비와 자기소개서 그리고 면접 준비, 이 세 가지를 다 해야 하는 시점이다. 나는 수능 준비와 자기소개서에 무게를 두고 시간을 활용했다. 고3 1학기까지는 수능보다는 내신에 많이 집중한 공부를 해서, 여름 방학부터는 부족했던 수능 공부를 많이 했다. 국영수 과목은 꾸준히 수능 공부를 했지만, 사탐 과목은 시간 투자를 많이 못해서 여름 방학 때 특히나 많이 해야 했다. 그리고 학종 전형에서 정말 중요한 자기소개서를 쓰는 데도 시간을 정말 많이 보냈다. 자기소개서만 쓰다가 수능 공부를 못하는 걸 방지하려 수능 공부한 후에 저녁부터 자기소개서를 쓰는 방법으로 시간 관리를 했다. 또 수능 공부가 집중이 안 될 때 자기소개서를 쓰기도 했다. 여름 방학은 짧다. 시간 배분을 잘하여 수능 준비와 자소서를 쓰는 것에 집중하기 바란다.

Q03 본인만의 공부법이 있다면?

고1 때 수학이 계속 3등급이 나와서 고민이 많았는데, 이를 극복하기 위해 새로운 문제를 풀기보다는 오답을 계속 풀어 보는 공부를 했다. 어떤 문제집을 다 풀면, 그것으로 끝내는 게 아니라 오답 문제만 추려서 풀고, 또 그 오답의 오답을 추려서 풀었다. 이런 식으로 틀렸던 문제 유형은 다시는 안 틀리려 노력했다. 또 공부법을 추가적으로 말해 보자면, 교과서를 5번 정도 읽는 것인데 배운 날 바로 복습 1, 시험 기간 정독 3, 시험 전날 정독 1 이런 식으로 다섯 번 정도는 꼭 읽었는데, 복습 차원의 읽기는 이해가 안 되는 부분에 대해 질문을 만드는 방식으로 읽어 보고, 두 번째는 쭉 이해하면서 읽어 보고, 세, 네 번째는 암기하면서 읽은 후 백지에다가 각 장의 내용을 써 보며 교과서를 많이 읽는 공부법으로 공부했다.

Q04 학교생활 중 수시 준비 과정에서 나만의 전략은?

수시는 결국 생기부로 나를 평가하는 것이라 생각하여, 학교 생활 중에 생기부를 풍부하게 만들려고 노력했다. 특히 세특은 '집중도가 높다, 열심히 한다'와 같은 추상적인 내용보다는 구체적인 내용이 서술되어 있는 것이 더 좋다고 생각한다. 나의 경우는 학교 수업의 연장선으로 수업과 관련된 내용으로 보고서를 작성하거나 발표를 하기도 했다. 그 후 교과 선생님께 양해를 구해서 구체적인 활동을 기입하려 노력했다.

Q05 후배에게 추천해 주고 싶은 책이 있다면?

추천하고 싶은 책은 《해피어》(탈 벤-샤하르)이다.

서울대 자소서를 쓸 때, 쓴 책이기도 한데 이 책 내용이 심리학 도서여서 읽었는데, 생각 외로 심리학이라기보단 행복 그 자체에 대한 이야기여서 나 스스로도 행복에 대한 생각을 바꾼 책이었고, 수험 생활을 하면서 나름의 행복을 찾을 수 있는 방법을 알 수 있는 책이라 생각한다.

참고로 내가 썼던 서울대 자소서 4번 문항 내용을 첨부한다.

〈힘들게 수험 생활을 하는 제 자신과 친구들을 보며 행복이 무엇인지 생각하던 중 책의 제목이 마음을 끌었습니다. "행복은 산을 오르는 과정이다"라는 글을 읽고 행복은 목표를 달성하여 받는 상이 아니라 목표를 향해 노력하는 과정에 있다는 걸 깨달았습니다. 제가 힘들었던 이유는 목표를 위해 현재를 희생한다고 생각했기 때문이란 걸 알게 되었습니다. 결과로서의 행복이 아닌 과정 속에 담겨 있는 행복을 찾으려 노력했습니다. 또한 노력할 때 몰입이라는 긍정적인 감정을 느끼고도 고통이라고 연결 짓는 모순을 알게 되었습니다. 이에 긍정적인 감정으로 평가하는 것이 중요하다는 것을 알았습니다. 힘들다고 생각한 경험들을 긍정적인 경험으로 재구성하는, 생각의 전환이 행복을 만든다는 것을 깨달았습니다. 이 책의 내용을 힘들어 하는 친구들에게 전했고 그 친구들이 노력하는 과정 속의 행복을 깨달아 힘내는 모습에 뿌듯했습니다. 이 책을 읽고 난 후 힘든 수험 생활의 과정 속에서 행복을 찾을 수 있게 되었습니다.〉

Q06 효율적인 공부를 위한 시간관리 노하우가 있다면?

나는 스터디플래너를 활용해서 시간 관리를 했는데 전날 밤이나 아침에 스터디플래너를 작성했다. 일반적으로 다들 하는 방식대로 공부를 다 하면 체크를 하며 얼만큼 했는지 체크 표시, 세모 표시(다 못 했을 때) 등으로 체크하고, 이 시간에 이걸 해야겠다,라고 생각하면서 공부했다. 또 전날 밀린 일이나 정말 꼭 해야 하는 일은 별표를 해서 먼저 끝내려 했다. 스터디플래너에 쓴 건 꼭 다 하겠다는 맘으로 하루를 보냈고, 또 일주일 단위로 플래너에 자기 평가(잘 안 지켰다, 최선을 다했다, 어떤 과목을 너무 안 한다 등등)를 했다. 스터디플래너를 사용한다면 하루나 일주일 단위로 꼭 자기 평가를 해 보기를 권한다.

Q07 수능 전 컨디션 관리는 어떻게 했는지?

컨디션 관리를 대단하게 하지는 않았다. 개인적으로 감정 기복이나 컨디션 기복이 좀 심한 편이라 떨지 않고 그냥 하던 대로, 긴장감에 동요하지 않으려 노력했다. 그래도 수능 2-3주 전부터는 친구들이랑 수능 시간표대로 살아보자고 해서 수능 시간표대로 공부하고 쉬고 그랬다. 그래도 원래 긴장을 많이 하는 경향이 있어서, 긴장하는 건 어쩔 수 없었다. 당일엔 친구랑 같은 교실에서 시험을 봤는데, 쉬는 시간이나 점심시간에 서로 헷갈린 문제나 어려웠던 문제나 시험에 대해서 아예 얘기하지 말자고 약속해서 그 전 시험에 대한 미련을 안 갖고 집중하려 노력했다.

Q08 학교 생활 중 교과 외에 가장 중점을 둔 활동은?

동아리 활동이라고 생각한다. 동아리가 학과에 관한 관심을 표현할 기회라 생각해서 그 점을 보여 주려 노력했다. 직접 동아리를 만들면 더 좋을 것 같다고 판단해서 동아리를 만들었는데 동아리 활동을 이끌어 나는 것이 힘들기도 하고 부족한 점도 많았지만, 그래도 교과 외에 가장 중점을 두지 않았나 생각된다.

Q09 노트 필기나 개념 정리 노하우가 있다면?

따로 노트필기는 안 했고, 책에다 바로 필기를 했다. 필기를 수업시간에 열심히 했는데, 선생님이 중요하다고 한 것은 별표나 빨간색 펜, 시험에 나온다는 건 T라고 써서 눈에 띄게 필기하고, 설명한 것(일반적인 필기 내용)은 파란 펜, 중요해 보이진 않지만 그래도 부가적으로 설명한 것은 검은색 펜, 선생님의 설명들에 내 식대로 해석한 것들이나 설명한 내용에 대한 질문들은 샤프로 쓰면서 수업 시간에 손을 바쁘게 썼다. 너무 사소한 것까지 필기한 것처럼 보일 수도 있는데, 나중에 이해할 때 그런 사소한 것들이 엄청 도움이 되었고 일단 수업 시간동안 계속 필기하려 집중하다 보니 수업에 훨씬 더 집중이 잘되는 효과도 있어서, 필기만큼은 누구한테라도 자신 있게 말할 수 있을 만큼 엄청 열심히 했다.

Q10 면접은 어떻게 보았나요?

(1) 면접 준비 방법과 면접 노하우는?

지원한 전형의 면접이 일반적인 생기부 면접만이 아닌 제시문 면접이 섞인 면접이어서 면접 학원의 도움을 받았다. 그전의 기출 문제를 스스로 풀어 보고, 학원에서 실제 면접장처럼 시간 제한과 비슷한 유형의 문제를 만들어서 풀게 하고, 실제로 말하도록 연습을 시켜 줘서 생소했던 제시문 면접에 적응할 수 있다. 생기부 면접은 당연히 혼자 준비했는데, 일단 나 스스로가 내 생기부를 정확히 알아야지 자신 있게 답할 수 있을 것 같아, 생기부를 많이 읽어 보고 예상되는 질문도 같이 써 보고 혼자 대답도 해 보며 준비했다. 생기부를 읽다 보면 이런 걸 언제 했지 싶은 것들이 있는데, 그 상태로 면접장에 가면 절대 안 된다고 생각해서 어떻게든 옛 기억을 되살리려 노력했다.(팁이 있다면, 봉사 활동이나 대회 같은 것들은 끝난 직후에 소감 정도는 꼭 써 놓는 게 좋은 것 같다! 이렇게 기록해 놓으면 기억이 안 날 때 써 놓은 것을 보면 기억이 바로 떠오른다.) 친구들과도 쉬는 시간에 서로 질문해 주고, 면접 며칠 전에는 학교 선생님들이 실제 면접관처럼 질문해 주시며 현장의 긴장감을 미리 느끼게 해 주셨다. 긴장을 많이 하는 학생분들은 실제 면접처럼 말해 보는 연습을 많이 하는 것이 도움이 될 것 같다.

(2) 면접 방식

제시문 면접으로, 해당 제시문에 대한 문제를 한 강의실에서 시간 제한을 두고 푼 뒤, 바로 교수님과 입사관이 있는 강의실로 가서 답변에 대해 말하는 방식의 면접이었다.

(3) 면접 후 아쉬운 점이나 후배에게 전하고 싶은 면접 팁이 있다면?

당황하지 않았으면 좋겠다. 면접을 하다 보면 생각치 못한 질문들이 나올 수도 있는데, 이때 당황하지 않고 찬찬히 생각을 정리하고 답변하면 만족스러운 면접이 될 거라 생각된다.

Q11 본인이 합격한 가장 중요한 요인은 무엇이라고 생각하나요?

세특, 동아리, 교내 상 등등 생기부를 채울 수 있는 활동들은 정말 열심히 해서 생기부 안의 내용들도 당연히 학종으로 합격한 데에 많은 영향을 끼쳤겠지만, 가장 중요한 요인을 꼽으라고 한다면 내신 점수라고 말하고 싶다. 일반고가 특목고보다 생기부에 적힌 활동들이나 양이 조금은 부족할 수밖에 없는 현실에서, 두각을 가장 크게 나타낼 수 있는 부분은 내신이라고 생각한다. 1학년부터 3학년까지 꾸준히 오른 내신 평균 점수와 3년을 합쳐서 높은 내신 평균이 합격 요인 중 가장 큰 부분을 차지하지 않을까 생각한다.

Q12 마지막으로 선배로서 후배들에게 꼭 해 주고 싶은 조언이 있다면?

고등학교 3년, 특히 수시를 준비하는 학생들에게 그 3년은 쉴 틈 없이 달려야 하는 시간이라고 생각한다. 중간, 기말고사 보고 조금 숨 쉴 것 같으면 각종 세특과 동아리, 그 밖의 다양한 활동들을 해야 하고, 3학년 때는 내신에, 생기부에, 자소서에, 면접에, 수능까지 집중해서 준비해야 하는, 정말 쉴 틈 없는 시간들이다. 끝나지 않을 것만 같았던 그 힘든 시간들이 결국은, 정말 끝이 나더라. 자기 스스로 고등학교 3년의 지나온 시간들이 떳떳하다면, 그 끝에서 틀림없이 좋은 결과가 있을 거라 생각한다. 그리고 꼭 말하고 싶은 것은, 자신을 가장 잘 아는 사람은 자기 자신이다. 수험생으로서의 시간들은 어쩔 수 없이 남에게 나 자신에 대한 평가를 정말 많이 받게 되는 시간이다. 나도 그 평가 속에서 많이 울기도 했는데, 그 시간들을 지나고 보니까 나에게 도움이 되지 않은 평가들로 울고 고민한 내 자신이 조금 후회스럽더라. 모든 평가가 나쁘다는 소리는 절대 아니다! 평가는 나 자신을 객관적으로 볼 수 있는 소중한 기회다. 그 속에 정말 좋은 조언들을 얻을 수 있는 평가들도 당연히 있다. 하지만 기분만 상하게 하고, 알맹이 없는 평가들도 있으니, 내가 생각하기에 전혀 받아들여지지 않는 평가에 울지 말고 자신을 믿어라. 그리고 가장 좋은 평가는 스스로 하는 평가라 생각한다. 자신이 잘하고 있는지에 대해 궁금할 때, 내가 나의 노력에 떳떳하다면, 잘해내고 있는 거라 생각하기 바란다. 길다면 길고 짧다면 짧은 수험 생활을 자기 자신한테 떳떳하게 보내길 바란다. 그 힘든 시간들을 견뎌내면 좋은 결과가 꼭! 있을 거라고 생각한다. 파이팅!!!

01. 인문계열

숙명여대 의류학과 19학번

Q01 고교 동아리 활동을 하면서 중점을 둔 것은 무엇인가요?

진로와 직접적인 관련이 없는 동아리라도 동아리 활동 속에서 최대한 내 진로와 관련된 활동으로 학생부 기록에 도움이 될 수 있도록 했다. 일반고였기에 의류학과와 관련 동아리에 참여하기 쉽지 않아 미술, 디자인과 관련된 동아리에 참여하였다. 이외 패션과 잡지 분야의 동아리는 정규 동아리로는 개설되지 않았기에 내가 직접 자율동아리를 만들어 부장이나 차장으로 활동하며 진로활동에 도움이 되도록 했다.

Q02 고3 여름 방학 활용에 대해 조언한다면?

고3 여름 방학은 정신적, 체력적으로 가장 힘들고 주변 분위기에 휩쓸려 자칫하면 해이해질 수 있는 시기라고 생각한다. 더군다나 정시에 대한 유혹, 수시 합격에 대한 오만감이 들어 게을러질 수 있기에 자신이 흔들리지 않고 수시 지원에 집중할 수 있게 마인드 컨트롤 및 목표 수립이 중요하다. 나는 지원하려는 학교를 정확히 정하고, 그 학교들의 모집 요강 및 학과 소개와 관련된 책자, 홈페이지 내용을 다 숙지하면서 자소서 준비를 중심으로 여름 방학을 보냈다. 지원하려는 학교, 학과와 본인의 연관성, 접점을 찾아 연결시키고 메모하다 보면 자소서 초고 쓰기가 훨씬 수월하기 때문이다. 또한, 중간 중간 수시 지원에 대해 고민이 생기거나 자소서 준비에 집중이 안 될 때는 수능 기출 문제를 부담없이 푸는 등 시간을 효과적으로 활용하기 위해 노력했다.

Q03 본인만의 공부법이 있다면?

내가 가장 취약했던 과목은 수학이다. 고등학교 1학년까지만 해도 수학 내신이 4등급이었고 모의고사는 5~6등급이었다. 애초에 개념을 이해하는 속도와 문제를 해결하는 속도가 모두 느려 그만큼 취약했다. 이 문제를 나는 거의 수학을 외우다시피 반복을 통해서 공략했다. 내신 시험에서 어려운 문제 3~4문제를 제외한 대부분의 문제는 교과 선생님께서 교과서와 연습 문제를 중심으로 출제하셨기에 무조건 학교 수업에 집중했고 사소한 계산 과정까지도 열심히 필기했다. 교과서와 수업 시간에 따로 나눠준 연습 문제(학습지)는 최소 15번씩은 반복해서 풀었다. 또한, 실제 시험에서 보게 될 서술형 문제를 대비해 당황하지 않도록 매순간 문제 풀이를 순서대로 정리해 풀었다. 그렇게 반복해서 풀다 보면 나중에 답을 외울 정도가 되었고 그럼 다시 숫자를 랜덤으로 바꿔서 푸는 등 문제를 보자마자 바로 어떻게 푸는지 알 수 있도록 연습했다. 수학은 최소 2등급만 맞자는 목표로 실전 시험에서 나온 어려운 응용 문제는 바로 넘겼고 차라리 서술형 문제 풀이에서 최대한 감점 당하지 않기 위해 선생님을 쫓아다니면서 내가 쓴 풀이 과정이 맞는지 질문했다.

Q04 학교생활 중 수시 준비를 위한 나만의 전략은?

정시는 위험하고 여러모로 변수가 많다고 생각했기에 수시로 대학 간다는 마음가짐을 늘 마음에 두고 학교생활을 했던 것 같다. 특히 생기부를 위해 어떻게든 모든 과목 수업에서 열심히 참여하는 모습을 선생님께 보여 주었고 적극적으로 질문하면서 선생님의 설명을 듣는 등 내가 공부에 대한 열의가 있다는 티를 냈다. 예를 들어 모르는 부분이 생기면 매 쉬는 시간, 점심시간, 방과 후에 틈을 내 담당 선생님을 쫓아다니면서 질문했다. 그렇게 하다 보니 모든 과목 선생님이 내 이름을 기억할 수 있었고 결국 교과 세특에서 한 줄이라도 더 작성해 주셨던 것 같다.

수시에서는 내신도 중요하다. 교과 성적을 위해서는, 개념을 이해해 문제에 응용하는 연습도 했으나 가장 배점이 높고 시간에 부족하기 쉬운 서술형 문제를 대비해 수업 중에 선생님이 말씀하신 내용을 토씨 하나도 틀리지 않게 암기했다. 그렇게 하면 최대한 선생님이 생각하는 문제 답안의 방향과 일치해 감점 당하는 일이 없어 배점이 높은 서술형 문제를 대비하는 데 많은 도움이 되었다.

Q05 효율적인 공부를 위한 시간 관리 노하우가 있다면?

나는 학업용(탁상용) 작은 타이머 시계를 늘 가지고 다니면서 카운트업(count up) 기능을 주로 이용했다. 물론 문제 풀이를 하거나 암기를 시작할 때도 카운트업을 했지만 밥 먹거나 잠깐 휴식할 때, 심지어 화장실 갈 때도 카운트업을 시작해두고 갔다 올 수 있도록 했다. 이렇게 카운트업을 해 두면 내가 잠깐 쉬는 동안에도 와중에도 계속 시간은 가고 있다, 시간을 낭비하지 않으려면 빠르게 움직여 다시 공부에 들어가야 한다는 긴장감이 생겨 시간을 낭비하지 않는 자극제가 되었다. 그렇게 내가 보낸 시간을 치밀하게 측정하다 보면 오늘 하루를 마무리하며 공부한 시간을 적을 때 실제 집중한 시간이 얼마인지 정확하게 알 수 있어 다른 날과 비교해 보면서 스스로에게 자극받게 된다. 물론 오랜 기간 반복하다 보면 계속된 긴장으로 건강에 영향을 줄 수도 있겠지만 나는 누군가가 나를 감시하고 있다, 제한 시간이 있다라는 생각을 가지면 긴장하여 더욱 학업에 집중할 수 있게 되는 성격이라 나와 비슷한 성향이라면 나름 효과적인 방법이 될 것이다.

Q06 수능 전 컨디션 관리는 어떻게 했는지?

수능 한 달 전부터 당일 바로 다음 날까지도 쭉 수시 면접을 진행하고 있을 때였고, 이미 합격한 대학도 있었기에 부담없이 편한 마음으로 수능에 임했다. 때문에 면접 준비에 집중하기 위해 수능을 위한 체력 관리는 철저하게 하지 못했던 것 같다. 하지만 전날에는 잠을 8시간 잘 수 있게 했고, 역류성 식도염과 위염을 달고 살아 위와 장이 예민한 관계로 전날과 당일에는 식사로 죽만 먹었다.

Q07 노트 필기나 개념 정리 노하우가 있다면?

전 교과 모두 내신은 선생님께서 나눠 주신 학습지와 교과서를 위주로 공부했다. 선생님이 수업 중 하시는 말씀을 전부 받아 적었다. 만약 수업 때 조금이나마 강조한다는 느낌이 들거나 복습 시간에 반복하시는 부분이 있다면 그 부분의 개념은 중요 표시를 해 두고 통으로 암기하려고 노력했다.

Q08 면접은 어떻게 보았나요?

(1) 면접 준비 방법과 면접 노하우는?

실전 같은 분위기에서 많이 연습해 보는게 중요하다. 친구, 가족, 선생님 등 다양한 사람들과 예행 연습을 해 보야 한다. 그중에서도 내가 긴장되고 무서워하는 사람 앞에서 연습해 보는 것이 실전에서의 긴장을 가장 줄여 준다고 생각한다. 내가 면접 보는 자세, 말투, 속도 등 문제점을 파악하기 위해 녹화해서 보는 것도 도움이 되었다. 면접용 질문을 약 100개 정도 만들고 다 답변을 적어 통문장을 암기했는데 오히려 실전에서 암기한 걸 다 꺼내 놓아야 한다는 강박에 오히려 말과 자세가 굳어지는 문제점이 생겨 상당히 아쉬웠다. 경험상 면접관(교수님, 입학사정관)들도 자연스럽고 꾸밈없는 답변을 하는 걸 오히려 더 선호하시는 것 같다. 긴장하지 않고 편하게 하는 면접이 가장 좋은 결과를 가져오니 많은 연습을 통해 긴장을 없애도록 노력하라고 말하고 싶다.

(2) 면접 방식

숙명여대의 경우 학생부 종합 면접 방식은 제시문 면접은 없었으며 100% 학생부 및 자소서 기반 면접이었다. 학과 전임 교수님 두 분이 들어

오셨고 약간의 압박 면접이 있었다.

(3) 면접 문항과 답변

자소서를 기반으로 질문하시기보다는 학생부 활동에 기반해 어떤 식으로 한 것인지 자세히 말해 보라는 식의 질문이 많았다.

EX: 패션분석잡지부에서 패션 트렌드 분석 기사를 작성했다고 하는데 어떤 기사였는지?

패션에디터에 대한 전망을 예측해 봤을 때 본인은 어떻게 생각하는지 등 내 생각을 물어보는 약간의 날카로운 질문 등

(4) 면접 후 아쉬운 점이나 후배에게 전하고 싶은 면접 팁이 있다면?

기죽지 말고 당당하고 자신 있게 답변하는 자신감이 필요하다. 가장 중요한 건 긴장하지 않고 자연스럽게 답변하는 것이다. 나의 경우 면접을 거듭할수록 긴장감이 줄어들고 점점 답변과 자세가 발전했다. 예상 면접 질문을 뽑아 연습을 많이 하되 외워서 말하는 듯한 느낌의 답변이 되지 않도록 친구나 가족의 도움을 받아 최대한 연습을 많이 하기 바란다.

Q09 본인이 합격한 가장 중요한 요인은 무엇이라고 생각하나요?

뻔하지 않은 본인만의 자소서를 쓰기 위해 노력했다는 게 가장 큰 것 같다. 학교 생활을 하면서 진로와 관련된 많은 학생부 활동을 했다는 것, 관심 분야에 대한 고민을 충분히 했다는 것, 예술과 전혀 관련되지 않은 교과 시간에도 의류 분야와 연결 지으려고 했다는 점 등을 자소서에 드러

냈다. 또한 전공과 관련한 다양한 학생부 활동을 하기 위해 노력했다는 것, 어떤 활동이더라도 의류, 패션, 디자인, 미디어 매체와 관련 지으려고 했던 것 등에서 긍정적인 효과를 본 것 같다. 물론 면접도 준비와 노력을 많이 하긴 했으나 면접을 만족스럽게 보지 못했다는 느낌을 스스로도 받았기에 면접보다는 자소서와 학생부에서 더 좋은 점수를 받아 합격했다고 생각한다.

Q10 마지막으로 선배로서 후배들에게 꼭 해 주고 싶은 조언이 있다면?

중요한 시기인 만큼 걱정도, 고민도 많이 되겠지만 조급해하지 말고 천천히 준비했으면 좋겠다. 자신이 애초에 갖고 있는, 이미 꾸며져 있는 생기부 활동들을 대학만 가면 된다는 생각으로 아무 학과에 끼워 맞추려 하다가 훗날 대학에 오고 나서 학과에 대해 방황하다가 포기하는 경우를 주변에서 많이 보았다. 본인이 하고싶은 것이 무엇인지, 배우고 싶은 게 무엇인지 신중하게 고민하고 알아보는 것부터 시작했으면 좋겠다. 자신이 가고 싶은 학과와 관련된 활동에 최대한 참여하고 만약 학교에 자신의 진로와 관련된 활동이 없다면 혼자라도 관심을 갖고 연구해 보면서 다른 활동들과 연결 지어 보자. 이런 활동을 통해 자신만의 정체성이 드러나는 학생부를 만들어야 한다.

02. 자연계열

성균관대 건축학과 20학번

Q01 고교 동아리 활동을 하면서 중점을 둔 것은 무엇인가요?

나는 고등학교 입학 당시부터 건축학과를 목표로 하고 있었다. 그래서 건축과 관련된 동아리를 들어가려고 했지만 내가 원하는 동아리를 들어가는 게 쉽지 않았다. 과학 동아리는 이과에서 특히 인기가 많아서 결국 반크라는 토론 동아리에서 활동하게 되었다. 반크는 동아리원이 제시한 주제로 토론을 하는 동아리였기 때문에, 환경과 관련된 주제를 제시해서 건축과 관련된 활동을 하는 것이 가능했다.

나는 고등학교 입학 때부터 진로가 정해져 있었기 때문에 동아리 활동을 하면서 진로와 관련된 주제로 토론과 활동을 많이 하려고 노력했다. 건축사는 다양한 분야의 지식을 많이 알아야 하는 사람이다 때문에, 토론 동아리 활동을 통해 문과와 이과의 융합적인 인재라는 느낌을 생기부에 남기려고 노력했다. 기억에 남는 토론 주제는 해외의 교육 제도, 인공지능으로 인한 미래, 환경 문제 등인데 토론한 주제를 생기부에 기록해 자소서에 활용할 수 있었다.

Q02 고3 여름 방학 활용에 대해 조언한다면?

고등학교 3학년 여름 방학은 짧지만 아주 중요한 시기다. 고3 학생들은 학기 중에는 정말 시간이 부족하다는 것을 느꼈을 것이라고 생각한다. 때문에 정말 하루도 낭비할 시간이 없고, 자신에게 필요한 부분을 빠르게 채워야 한다. 나의 경우 여름 방학 동안 국영수는 감을 잃지 않기 위해 매일 기출 문제를 풀었고, 과학 탐구 과목 위주로 공부를 했다. 탐구 과목은 여름 방학 때 꼭 제대로 끝내기 바란다. 후반부에 가서 탐구에 발목 잡히는 사람이 생각보다 많다. 특히 여름 방학 때 탐구 과목을 확실하게 해 놓아야 나중에 국영수 공부를 더 편하게 제대로 할 수 있다. 사람마다 다르겠지만 나 같은 경우 3학년 여름 방학 때에는 국영수는 특별히 개념 공부가 더 필요하지 않아 감을 잃지 않도록 문제만 조금씩 매일 풀고, 탐구 과목에 특별히 신경을 써서 공부했다.

Q03 취약 과목은 어떻게 공략했는지?

나는 국어를 정말 못했다. 2학년 때 모의고사도 1등급은커녕 2등급도 겨우겨우 받은 것 같고, 고3 3월 모의고사에서는 4등급을 받고 충격을 받았었다. 그래서 국어는 1년 내내 열심히 했다. 다른 과목이 슬럼프가 왔을 때도 국어 공부는 놓지 않았다. 일단 수능 시간표에서 국어를 보는 시간에는 매일 국어 공부를 했다. 보통 방학에는 아침 7시부터, 학기 중에는 7시반부터 공부를 시작하는데 하루의 시작은 늘 국어였다. 적어도 3시간은 매일 국어를 하고 웬만하면 11시, 12시 점심 먹는 시간 전까지 국어를 한 것 같다. 취약 과목을 공부할 때는 내가 어느 부분이 취약해서 이 과목에서 점수를 낮게 받는가를 고민해야 한다. 나의 경우에는 일단 국어를 푸는 데에 시간이 항상 부족했고, 긴 지문 하나를 읽고 문제를 풀면 지문 내용을 항상 잊어버려서 문제를 풀다가 지문으로 자주 돌아간다는 점이 대표적인 문제점들이었다. 그래서 나는 지문을 읽을 때 집중하는 연습을 주로 했다. 아무리 긴 지문이라도 한 번 읽고 모든 문제를 풀 수 있게 했고, 다음 지문으로 가면 또 다음 지문에 집중하도록 훈련을 했다. 이 방법은 단순하게 지문을 읽을 때 펜을 내려놓고 정말 생각하면서 지문을 읽는 것뿐이었다. 사실 너무 단순하기도 하고 특별하지 않아서 공부법이라고 할 만한 것인지는 모르겠지만, 고등학교 3학년 내내 지문을 생각하면서 읽는 것을 연습한다면, 아무리 어렵고 긴 지문이라도 한 번만 읽고 문제를 풀 수 있다. 실제로 이 지문 읽기 방법으로 수능에서 어려운 비문학 지문을 다 맞히고, 실수로 한 문제를 틀려서 98점을 받아 백분위 100으로 1등급을 받을 수 있었다. 시험장에서 시험을 볼 때도 지문 읽는 연습을 지금까지 많이 했었기 때문에 자신감 있게 문제를 풀 수 있었고, 정말 잘 봤다는 느낌으로 다음 과목으로 넘어갈 수 있어서 좋았다.

Q04 학교생활 중 수시 준비 과정에서 나만의 전략은?

수시의 장점은 내 단점까지도 이야기의 소재로 사용할 수 있는 점이다. 오히려 적당한 고난이 있어야 다른 장점들이 더 눈에 띌 수 있다고 느꼈다. 내 고등학교 3년은 정말 평탄하지 않았는데, 몸이 약해서 쉽게 다치기도 하고 고등학교 때는 입시로 스트레스도 많이 받다 보니 자주 아팠다. 덕분에 수업을 못 듣기도 하고, 수행 평가를 못 챙기기도 하고, 중간고사는 정말 잘 봤지만, 그 학기 기말고사는 병원에 입원하고 퇴원한 다음에 보게 돼서, 공부는커녕 수업도 못 들은 채로 시험을 보기도 했다. 수시를 준비할 때 이런 단점들은 얼마든지 생길 수 있다. 오히려 없는 사람이 몇 안 된다고 생각한다. 학교생활이 완벽한 사람은 그 부분을 어필하면 되겠지만, 대부분의 경우에는 이런 단점들이 있기 때문에, 스토리텔링이 매우 중요하다. 생기부에 남은 어떤 단점들은 우리가 어떻게 이용하느냐에 따라서 오히려 장점이 될 수도 있다. 나의 경우 생기부에 담임 선생님께서 "몸이 안 좋은 상황에도 불구하고 학업에서 성과를 냈다" 같은 문구도 적어 주셨고, 확률과 통계는 매번 1등급이지만 미적분은 매번 2등급일 때, "수학 시간에 이런 발표, 탐구를 하면서 미적분에 관해 더 잘 알게 되었고, 다음 학기에는 1등급을 받을 수 있었다"처럼 성적 향상에 발표를 자연스럽게 끼워 넣어서 스토리를 만들기도 했다. 이런 스토리는 선생님께 부탁드려서 생기부에 입력할 수도 있고 자소서에서도 드러내 보일 수 있으니 항상 생기부 입력 기간마다 한 학기를 정리하면서 자신만의 스토리를 만들어 보기 바란다.

Q05 수능 전 컨디션 관리는 어떻게 했는지?

원래 12시에 자서 6시에 일어나는 걸 수험 시간 내내 반복하긴 했는데, 수능 한 달 전부터는 자는 시간에 더 신경을 썼다. 12시에 꼭 잠들고 6시에 일어나도록 노력했고, 전에는 학교에서도 너무 졸리면 잠도 자고 그랬지만, 수능 시험 시간에는 절대 졸지 않기 위해서 서서 공부를 했다. 또 수능 한 달 전부터는 수능 시간표대로 매일 모의고사를 풀었는데, 사실 수능 한 달 전이면 실전 연습을 하는 기간이라 생각한다. 매번 모의고사를 시간표대로 풀고 그날 푼 모의고사를 그날 저녁에 정리하면서 하루를 마무리했다.

Q06 학교 생활 중 교과 외에 가장 중점을 둔 활동은?

교과 외 활동 중 중점을 둔 활동이라면 자율 동아리와 학생회 활동이었다고 생각한다. 자율 동아리는 건축학과, 혹은 건축공학과 등 목표가 비슷한 친구들이 모여서 만든 소규모 동아리였다. 소규모 동아리인 만큼 자율성이 높아 대규모 동아리에서는 하기 힘든 활동을 할 수 있었다. 매달 활동을 진행해서 대형 동아리보다 활동을 많이 할 수도 있었는데 건축에 관련된 책을 읽고 서로 토론을 하거나, 건축 모형을 직접 만들거나, 또 다양한 건축 전시회, 건축 박람회를 갔고 학교에 있는 3D 프린터로 물리 선생님의 지도하에 디즈니 성을 직접 만들어 보기도 했다. 건축과 직접적으로 관련 있는 활동을 주로 해서, 생기부에 도움이 될 수 있었다. 또 학생회 활동은 학교 생활의 절반 정도 계속적으로 참여를 했는데, 학생회가 리더십이나 집단 속에서 자신의 역량을 드러내기에는 좋은 활동이라 생각한다.

Q07 노트 필기나 개념 정리 노하우가 있다면?

특별한 노하우라기보다는 여러 권에 정리하면 나중에 다 찾아보기도 힘들고 정리도 힘들어서 교과서에 모든 필기를 정리하는 단권화 방식을 사용했다. 특히 1, 2학년 내신 공부를 할 때는 수업 시간에 한 필기가 가장 중요하기 때문에 이런 방식의 필기가 도움이 된다고 생각한다. 교과서에 수업 내용을 필기하고 거기에 혼자 공부하면서 더 알게 된 점이나 추가로 배운 부분들을 정리했다.

Q08 면접은 어떻게 보았나요?

(1) 면접 준비 방법?

면접은 생기부 내용을 토대로 학교에서 도움을 받았다. 면접을 보기 전에 학교에서 2번 정도 모의 면접을 한 덕분에 실제 면접이 어떤 느낌인지 조금이나마 느껴 보고 면접을 볼 수 있었다.

(2) 면접 방식

지원한 학교 중에 경희대학교만 면접이 있었고, 면접관 두 분과 2대1로 면접이 진행되었다.

(3) 면접 문항과 답변

학과에 지원하게 된 동기나 생기부 내용을 토대로 진짜 그 활동을 했는지 확인하는 형태의 질문이 많았다. 크게 어려운 질문은 없었다.

(4) 면접 후 아쉬운 점이나 후배에게 전하고 싶은 면접 팁이 있다면?

면접할 때는 꼭!! 들어갈 때부터 당당하게 들어가기 바란다. 면접을 보는 와중에도 면접관과 눈을 마주치고 당당하게 얘기하는 것이 중요하다. 나는 처음 보는 면접이기도 했고, 면접 내용이 쉬울 것이라고는 생각을 못해서 쓸데없는 긴장을 많이 했다. 때문에 면접을 망쳐서 기분이 좋지는 않았다. 꼭 당당하고!! 마지막까지 본인만의 인상을 남기는 것이 중요하다!!

Q09 본인이 합격한 가장 중요한 요인은 무엇이라고 생각하나요?

자기소개서가 많은 역할을 했다고 생각한다. 나의 경우 생기부에 단점도 많고, 사실 평범하다면 평범한 편의 학생이라 생각한다. 자기소개서를 통해 생기부에서의 장점은 극대화하고 단점들을 숨기기보다는 단점들도 스토리에 녹여낸 것이 학교생활을 더 좋게 보이게 만들었지 않나 생각된다.

Q10 마지막으로 선배로서 후배들에게 꼭 해 주고 싶은 조언이 있다면?

사실 수시는 학교를 열심히 다니면 되는 입시 제도라고 생각한다. 학교에서 하는 많은 활동, 수업에 적극적으로 참여하고 자신만의 이야기를 만들어가다 보면 어느새 독보적인 생기부가 만들어져 있을 것이다!! 시험 한 번, 수행 평가 한 번에 굉장히 스트레스 받는 학생들이 많을 텐데, 수시에서는 몇 번의 실수는 충분히 만회할 기회가 있다. 작은 일에 너무 일희일비 하지 말고 큰 그림을 그려 가기 바란다!

02. 자연계열 경희대 건축공학과 19학번

Q01 고교 동아리 활동을 하면서 중점을 둔 것은 무엇인가요?

토론 동아리를 정규 동아리로 삼고 활동을 했는데, 토론 동아리를 하며 인문학적인 주제뿐만 아니라 과학적이고 탐구적인 주제로 토론을 많이 하려고 노력하였다. 이과생이라고 해서 무조건 과학, 수학쪽으로만 활동을 하려하지 않고, 동아리 활동에서 인문학적인 주제와 과학 탐구적인 주제를 동시에 다루면서 문이과 융합 인재임을 보여 주려고 했다. 또한 주제를 정할 때 진로와 조금이라도 관련되게 주제를 선정하여 이후 자기소개서나 면접에서 사용하려 노력하였다. 또한 토론 대회를 매년 참가하여 성실하게 동아리 활동에 참가함을 보여 주려고 했다.

Q02 고3 여름 방학 활용에 대해 조언한다면?

꼭 여름 방학이 지나가기 전, 수학 과목의 개념을 모두 알아야 한다고 생각한다.

수학은 절대로 하루 아침에 성적을 올릴 수 있는 과목이 아니다. 또한 수학은 단순 암기가 아니라 암기한 내용을 응용해서 문제를 풀어야 하는 과목이기 때문에 여름 방학이 지난 이후 개념부터 공부하기 시작한다면 수능 전까지 공부를 끝내기가 많이 힘들다. 그렇기 때문에 여름 방학이 끝나기 전엔 3점짜리 문제나, 기본적인 4점 문제는 모두 풀 수 있을 정도로 공부를 해놓는 것이 좋다. 만약 기초적인 공부가 모두 되어 있는 학생이라면 21번, 29번, 30번 등의 문제를 미리 준비하였으면 한다. 수학의 경우 1등급과 2등급은 킬러문제를 맞히냐, 못 맞히냐에 따라서 갈리기 때문에 킬러 문제라고 겁내지 말고 처음엔 답지를 보고 풀더라도 도전하는 습관을 기르도록 해야 한다. 많은 킬러 문제를 풀어 본 이후에는 1시간, 2시간이 걸리더라도 자신의 힘으로 문제를 풀어 보도록 해야 한다.

특히! 확률과 통계가 쉬운 과목이라 생각하고 공부를 미루는 학생들이 많은데 킬러 문제에서 확률과 통계가 나오는 빈도가 높으니 방심하지 말고 미리미리 준비해 두길 바란다.

여름 방학에 학교를 안 나가게 된다면 독서실이나 스터디 카페를 이용하는 것도 좋은 방법이다. 아침에 일찍 일어나는 습관과 공부하는 습관을 잃어버리지 않도록 해야 한다. 집에만 있게 되면 쌓아 놨던 습관들이 무너지기 쉽기 때문에 자신이 집중을 잘 할 수 있는 장소를 찾고(집에서 집중이 잘 된다면 집 또한 좋은 장소!) 매일 공부를 하도록 했으면 좋겠다.

Q03 본인만의 공부법이 있다면?

내신과 수능에서 과학 탐구 영역을 지구과학과 물리로 선택했는데 물리가 정말 내용도 어렵고 공부하기 힘들었던 과목이었다. 물리에서 제일 처음 나오는 속도, 가속도 부분이 그래프가 많이 나오고 계산해야 하는 게 많아서 정말 어려웠다. 그래서 정말 양적으로 공부를 많이 했던 것 같다. 물리는 수학이랑 비슷한 분야이기 때문에 암기를 한다고 풀 수 있는 과목이 아니다.

개념을 공부한 이후 개념을 응용한 문제를 최대한 많이 풀어 보고 다양한 문제를 접해 봐야 한다. 그래프 해석하는 문제에서 어려움을 겪는다면 직접 그래프를 그려 보기도 해야 하며, 식이 외워지지 않고 적용하는 방법을 모르겠다면 식을 유도해 보기도 하며 왜 이러한 식이 만들어졌고 어떠한 요소들과 관련이 있는 식인가를 알려고 노력해야 한다. 처음엔 시간도 많이 걸리고 힘들겠지만 첫 공부 습관을 잘 들인다면 이후에 공부하는 데 정말 많은 도움이 될 것이다.

지구 과학에선 가장 어려운 부분이 천체 부분이였는데 이 부분은 혼자 공부하고 노력해도 매번 어려웠던 것 같다. 그래서 이해가 될 때까지 한 시간가량 선생님을 붙잡고 물어보기도 하고 인터넷 강의를 보면서 문제 푸는 스킬을 늘리기도 했다. 문제 풀이 스킬을 늘린 이후엔 많이 나오는 정보들을 외우고 반복해서 문제를 풀어 본다면 천체 부분을 잘 이해할 수 있을 거라 생각한다. 과학 탐구 영역은 대부분은 암기로 좋은 성적을 얻을 수 있지만 앞서 나온 부분같이 어려운 부분이 있다면 암기 및 문제 풀이 스킬을 익혀 최대한 많은 문제를 풀어 보는 것을 추천한다.

수학의 경우 문제를 풀기 전 개념을 완벽하게 이해하고, 쉬운 문제부터 차근차근 문제 난이도를 높여가는 것을 추천한다. 문제집을 살펴보면 난이도별로 단계를 나누어 편집된 문제집들이 있다. 그런 문제집을 이용하여 단계별로 문제를 풀어 보길 바란다. 또한 수학의 경우엔 책에 직접 문제를 푸는 것이 아닌 연습장에 푸는 것을 추천한다. 수학 문제는 한두 번 푸는 것으로 끝내면 안되기 때문에 책에 힌트가 되도록 흔적을 남기지 않는 것이 좋다. 또한 연습장에 문제를 풀면 따로 오답노트를 만들지 않고 풀었던 연습장에 틀린 부분과 틀린 이유 등을 적어 다시 돌려볼 수 있기 때문에 이 방법을 추천한다.

Q04 학교생활 중 수시 준비 과정에서 나만의 전략은?

2학년 후반기에서 3학년 초반까지는 비교과 활동을 중시하기보다 내신 성적을 챙기는 데 비중을 많이 두었다. 진로와 관련해서 다른 학생들과 확연히 차이가 나는 좋은 활동을 할 수 있다면 수시를 준비하는 데 많은 도움이 되겠지만, 특별한 활동이 아닐 경우엔 대회나 비교과 활동을 하지 않고 활동을 준비하는 시간에 성적을 올리려고 더욱 노력했다. 1학년부터 2학년 초반에는 많은 대회에 나가려고 노력했다. 비록 수상을 하지 못한다 해도 많은 활동을 해 보려 노력했다는 점을 생기부에 적히도록 하였고, 수상을 한다면 면접이나 자기소개서에 사용하려 했다. 비교적 시간적으로 여유가 많은 시기에 최대한 많은 활동을 하면서 자기소개서에 사용할 수 있는 경우의 수를 늘리는 것이 좋다. 전공이 특수하여 교과 과목에서 전공 적합성을 끌어낼 수 없다면 가장 쉽게 도출해낼 수 있는 방법으로 동아리 활동을 추천한다. 전공과 관련된 동아리가 없다면 자신이 직접 만들어 보는 것을 추천한다. 이를 통하여 전공 적합성 및 리더십을 보여 줄 수 있어 여러 방면에서 좋은 방법이다. 나의 경우 토론 동아리에서 건축물과 관련된 법규를 토론 주제로 하는 등 동아리 활동에서 진로와 관련된 적합성을 보여 주고자 했다.

Q05 후배에게 추천해 주고 싶은 책이 있다면?

건축과 관련된 과를 지망하는 학생이 있다면 《건축 직설》이라는 책을 추천한다.

이 책은 건축의 의미와 기원 등 건축의 전반적인 내용부터 시작하여 건축가, 설계자, 시공자 등 학생들은 잘 모르는 건축 전문가들의 차이점을 알려주며, 와우아파트 붕괴 참사, 삼풍백화점 붕괴 사고 등 실제 사례를 들어 건축의 역사까지 자세히 알려 준다. 이 책 한 권만 읽어 봐도 전반적인 건축에 대하여 알 수 있고 건축에 대한 지식을 많이 쌓을 수 있을 것이다. 건축 직설의 내용을 잘 알고 있다면 이후 면접에서도 교수님들께 좋은 점수를 얻을 수 있을 것이라 생각한다.

요즘 사회적으로 성별에 따른 이슈가 많이 떠오름에 따라 《82년생 김지영》이라는 책도 추천한다. 실제로 면접 시에 사회 문제에 대해서 질문을 하시는 교수님들도 있기 때문에 이에 대해서 미리 준비해 두는 것이 좋다.

성별에 대해 차별을 받는 문제는 몇 년째 이슈가 되는 내용이기 때문에 이 책을 읽어 보고 한 번쯤 자신의 생각을 정리하고 여러 입장으로 생각해 보는 것 또한 좋은 활동이라 생각한다. 이 외에 사회적으로 이슈가 되는 주제를 가진 다른 책들도 한 번쯤 읽어 보는 것을 추천한다.

Q06 스터디플래너 작성 노하우가 있다면?

스터디플래너 작성할 때 욕심 내어 꽉 채우려고 하지 않는 것이 노하우이자 후배들에게 추천하는 방법이다. 요즈음 sns를 보면 공스타그램이라 하여 자신이 공부하는 것을 인증하는 계정들이 많다. 그러한 계정에서 올리는 스터디플래너를 보면 빈칸이 없이 계획이 차 있는 것을 종종 볼 수 있다. 나 또한 스터디플래너를 예쁘게 쓰고 싶기도 하고, 공부를 많이 하고자 하는 욕심도 있어 처음엔 한 칸도 남김 없이 계획을 적곤 했다. 하지만 그렇게 많은 계획을 하루 목표치로 세우면 그날 안에 끝내지 못하는 경우가 대부분이다. 자신이 세웠던 계획을 다 끝내지 못하면 공부를 많이 하지 않았다는 자괴감과 동시에 다음 날 공부를 하기 싫어지는 경우도 생기게 된다. 따라서 자신이 할 수 있는 만큼의 양만 스터디플래너에 적는 것이 중요하다. 그러기 위해서는 자신이 하루에 공부를 얼만큼 할 수 있는지를 파악해야 한다. 이후 당일 아침 자습 시간이나 하루를 시작할 때 스터디플래너에 하루 안에 끝낼 수 있을 정도의 양을 적어, 최소한 플래너에 적은 계획은 모두 끝내겠다는 마음으로 하루의 공부를 임하는 것이 좋다.

아침 자습 시간이 있다면 공부 계획을 잡을 때 아침에 잠도 덜 깨고 집중이 잘 안 될 땐 집중력을 많이 필요로 하는 국어나 영어보다는 수학 문제를 푸는 것을 추천한다. 아침에 간단한 수학 문제를 몇 문제 풀면 엄청난 집중력은 필요로 하지 않지만 머리는 자연스럽게 써지기 때문에 잠도 깨고 머리 회전을 도와주게 된다. 혹은 이 시간에 영어 단어를 외우는 것도 추천한다.

Q07 수능 전 컨디션 관리는 어떻게 했는지?

수능 일주일 전부터 저녁에 너무 늦은 시간에 잠들지 않고 아침에 일찍 일어나는 연습을 했다. 수능날엔 아침부터 집중력을 발휘해야만 한다. 아침에 맑은 정신을 가지기 위해서는 충분한 잠을 자야 하는데, 수험생들 대부분이 새벽까지 공부하는 습관이 들어 이 습관이 수능 전날까지 이어지기 쉽다. 따라서 수능 전날 늦은 새벽까지 취침 습관과 긴장감으로 인해 잠을 잘 자지 못하는 경우가 많은데, 이러한 습관은 하루아침에 바뀌지 않기 때문에 일주일 정도의 기간을 두고 차츰차츰 취침 시간을 당겨보는 것을 추천한다. 수능날이라고 아침잠이 사라지지 않는다. 수능 아침에도 잠을 제대로 자지 못하면 잠이 오는 것이 당연하다. 그러므로 잠을 자는 연습을 통해서 수능날 최상의 컨디션을 유지하도록 하는 것을 추천한다. 긴장하면 배가 아픈 친구들은 핫팩을 하나 더 챙겨 가서 배에 올려놓고 시험을 치는 것도 좋다. 시험장이 추운 경우가 가끔 있기 때문에 얇은 옷을 여러 개 챙겨 입고 여유분의 핫팩을 가져가는 것을 추천한다. 또한 당이 떨어질 때 먹을 수 있는 초콜릿이나 캔디류의 조그마한 간식을 가져가는 것도 좋다. 먹기 전에 선생님께 꼭 물어봐야 한다. 시험장에 가서도 좋은 컨디션을 유지하기 위해 노력하길 바란다.

Q08 노트 필기나 개념 정리 노하우가 있다면?

노트를 따로 두어 필기하는 방법은 추천하지 않는다. 물론 노트 필기를 하게 되면 중요한 점만 따로 정리하여 필기할 수 있고, 자신만의 방법으로 필기하여 쉽게 알아볼 수 있다는 장점이 있다. 하지만 이렇게 노트를 따로 만들어 필기를 하게 되면 추후에 시험 공부를 하게 될 때 봐야 하는 것들이 많아진다. 같은 양의 시험 범위이지만 봐야하는 책과 노트들이 많아진다면 공부를 하면서 쉽게 지치기 마련이다. 따라서 내가 추천하는 필기 방식은 수업 시간에 사용하는 하나의 교재(혹은 프린터물)에 필기를 하는 방법이다. 교재에 필기를 하게 되면 책에 이미 필기 되어 있는 내용은 따로 적을 필요가 없어 시간을 아낄 수 있고, 공부하면서 따로 노트를 찾아보지 않아도 수업 시간에 필기해 놓은 내용을 볼 수 있어 공부하는 데에도 효율적이다. 시험 기간이 다가와도 봐야 되는 교재가 한 권이기 때문에 공부하는 부담감 또한 줄어들 것이다.

노트 필기를 해야 하는 상황이라면, 노트에는 꼭 필요한 내용만 적는 것을 추천한다. 예를 들어 수학의 경우엔, 수학에 나오는 모든 정의를 노트에 빼곡히 정리하는 것이 아니라 외워지지 않는 공식이라든지, 혹은 계속 틀리는 개념만을 정리하는 것을 추천한다. 조금 더 추가하자면 외워지지 않는 공식을 적고 그 공식을 적용시킨 간단한 문제를 추가하여 적는다면 시험 직전에 읽어 보기 쉽고, 기억도 잘 날 것이다. 꼭 줄글로 적지 말고, 필요한 키워드 및 공식들만 필기하는 것이 노하우이다.

Q09 면접은 어떻게 보았나요?

(1) 면접 준비 방법과 면접 노하우는?

우선 면접을 준비하기 전에 자신의 생활기록부와 자기소개서를 완벽하게 숙지하는 것이 가장 중요하다. 생활기록부를 차근차근 읽어 가면서 자신이 어떤 책을 읽었는지, 어떤 수상 기록이 있는지, 어떤 활동을 하였는지를 파악해야 한다. 이후 책의 내용이 기억나지 않는다면 인터넷을 찾아보며 간단하게라도 책의 내용을 숙지하도록 해야 하며, 어떤 활동을 통해 어떠한 점들을 느끼고 배웠는지에 대해서도 생각해 보는 과정을 거쳐야 한다. 자기소개서에서도 제일 기본적인 본 과에 지원한 이유, 노력한 점(학업, 활동) 등은 반드시 숙지하고 자연스럽게 말할 수 있어야 한다. 이러한 내용은 대부분 면접 시 물어보는 질문이기 때문에 꼭 연습해 보길 바란다. 자료들을 숙지한 이후 실제 면접에 대해 준비해야 한다. 가장 효과적인 면접 준비 방법은 계속해서 면접 시뮬레이션을 돌려보는 것이다. 수능이 끝나고 2주 정도 간격을 두고 면접을 보는 것이 대부분인데, 그 2주간 하루도 빠짐없이 친구들과 혹은 선생님들의 도움을 받아 면접을 연습하는 것을 추천한다. 매번 같은 사람들과 면접 연습을 하지 않고 다양한 사람들과 연습을 하면, 본인이 생각해 보지 못한 다양한 질문을 받아 볼 수도 있다.

따라서 다양한 사람들과 진지한 자세로 면접을 준비하는 것이 사실상 가장 좋은 방법이다. 경희대학교의 경우엔 제시문 면접이 이루어진다. 제시문에 대하여 걱정을 하는 학생들이 많은데, 경희대학교 입학처에 들어가면 이전 연도들에 나왔던 제시문들이 올라와 있다. 기출 문제를 찾아보면 문제뿐만 아니라, 추가 질문이나 모범 답안 등도 올라와 있기 때문에 이를 바탕으로 연습해 보면 좋은 결과를 얻을 수 있을 듯하다. 혹은 면접 시기에 뉴스에 자주 나오거나 이슈가 되는 일들이 있다면 이를 바탕으로 자신의 생각을 한 번씩 정리해 보는 것도 좋은 방법이다.

(2) 면접 방식

경희대의 경우에는 제시문 면접과 일반 면접이 동시에 이루어진다. 강의실에 모든 학생을 대기시킨 후, 차례대로 학생들이 면접을 보게 한다. 앞 사람이 면접을 보는 약 10분의 시간 동안 제시문을 보여 주고 수험생은 그 제시문에 대한 자신의 의견을 정리해야 한다. 제시문은 매년 다른 질문이 나오는데, 주로 그 해에 이슈가 된 사건이나 주목되고 있는 일들이 주제로 나온다. 2019년도, 본인이 면접을 본 해에는 미세먼지와 관련하여 질문이 나왔다. 앞 사람이 나오면 면접실에 들어가서 면접을 보게 된다. 면접은 한 명씩 보는 형식이며 면접관은 두 명이나 세 명이다. 인사를 하고 의자에 앉으면 교수님께서 제시문에 대한 학생의 의견을 묻는다. 학생은 약 2분에서 3분가량 제시문에 관한 본인의 생각을 대답하게 된다. 학생의 의견에 대해 교수님께서 반박을 하시거나 질문을 하시는 경우도 있다. 약 5분가량의 제시문 면접이 끝나면 곧바로 학생의 자기소개서나 생활기록부 바탕의 면접을 보게 된다. 자기소개서에서 써 있는 내용을 한 번 더 되물으시기도 하고, 내용에 대하여 질문을 하시기도 한다. 생활기록부에 대해선 학생이 읽었던 책에 대하여 어떤 점을 느꼈는지에 대하여 질문하시기도 하고, 비교과 활동을 하며 느꼈던 점들을 물어보시기도 한다. 이렇게 생기부 및 자소서 바탕의 면접을 5분 정도 거쳐 약 10분간의 면접이 끝나게 된다.

(3) 면접 문항과 답변

〈제시문 면접〉

제시문 - 최근 인간의 활동에 의해 여러 물질들이 대기 중으로 배출되면서 심각한 환경 문제를 일으키고 있다. 인위적으로 배출되는 대기 오염 물질의 배출원 중, 운송 분야가 차지하는 비율이 전체의 46%로 가장 크며, 특히 노후 경유차는 미세먼지의 주범으로 여겨진다. 미세먼지 농도와 같은 기상 상황에 따라 노후 경유차에 대해 강제적인 운행 제한을 정부 정책으로 시행한다고 할 때, 이에 대한 찬반 의견을 말하시오.

Q1. **제시문에 대해서 잘 생각해 보았나? 생각한 의견을 말해 보아라.**

A. 우선 제시문의 내용에 대해서 찬성하는 입장이다. 현재 대기 오염으로 인하여 환경 문제가 많이 일어나고 있는 추세인 것은 모두가 아는 사실이다. 이대로 간다면 정말로 물을 사 먹는 것처럼 공기도 사서 마셔야 한다는 장난스러운 말이 현실이 될 수도 있다. 환경 문제를 해결하기 위해선 문제를 야기시키는 원인들을 없애는 것이 가장 효율적인 방법이다. 따라서 국민들의 자율성을 조금 억제시키더라도 정부에서 나서 강제적으로 정책을 시행해야 한다고 생각한다.

Q2. **소형 화물차는 대부분 노후 경유차인데 강제적인 운행 제한이 실시될 경우, 소형 화물차로 생계를 이어 가는 영세한 자영업자의 생존권에 문제가 있지 않은가?**

A. 조금은 잔인한 대답이라고 생각하실 수 있겠지만, 어쩔 수 없는 측면이라 생각한다. 몇몇의 자영업자들이 생계를 이어가는 데 어려움을 겪는다고 지구의 미래를 어둠으로 몰아갈 수는 없다고 생각한다. 강제적으로라도 노후 경유차에 대한 운행 제한을 해야 한다고 생각한다.

Q3. 그렇다면 자영업자의 생존권은 무시해도 된다는 말인가?

A. 꼭 그런 것만은 아니다. 정부에서 강제적으로 운행을 제한시킨 만큼, 알맞은 보상을 해 주거나 제도를 설립해야 한다고 생각한다. 환경의 미래를 생각한다면 거기에 투자되는 비용이나 시간들이 아깝다고 생각하지 않는다. 나뿐만 아니라 모든 국민들이 납득할 것이라 생각한다.

Q4. 알겠다. 그럼 이제 자기소개서에 대해서 질문하겠다. 자기소개서를 읽어 보면 아버지를 따라 건설 현장을 다니기도 했다고 나와 있는데 건설 현장을 다니면서 어떤 점들을 느꼈나? 어렵거나 힘들어 보이지는 않았나?

A. 힘들어 보이지 않았다면 거짓말일 것이다. 하지만 그 힘든 과정들을 통하여 아무것도 없는 맨땅에서 멋진 고층의 건축물이 생겨나는 것을 보며, 내가 이후에 건축과 관련된 일을 한다면 힘들어도 보람을 느끼며 일할 수 있을 것이라는 생각을 했다. 건설 현장은 여자들이 일하기 힘들다는 이야기들도 많이 듣곤 했는데, 본인의 활발하고 친화력이 좋은 성격이 건설 현장에서 좋은 에너지를 줄 것이라고 생각한다.

Q5. 3년 동안 토론 동아리 활동을 한 것으로 나와있는데 건축과 관련된 토론도 해 본 적이 있나?

A. 동아리 내에서 건축을 진로로 결정한 학우들이 없어 직접적으로 관련된 토론은 해 본 적이 없다. 하지만 노키즈 존, 난민 문제에 대하여 토론을 하며 인문학적인 요소를 키우기도 하고, 줄기 세포 문제나 낙태법에 대하여 토론을 하며 물리 외에 다른 분야의 과학적인 요소를 탐구하기도

하였다. 이를 통하여 여러 분야의 주제에 대해서 깊이 있게 알아볼 수 있어서 좋았던 경험이라 생각한다.

Q6. **본인은 건축가가 되고 싶은 것인가? 건축공학가가 되고 싶은 것인가?**

A. 사실 건축가와 건축공학가 사이에 확실한 경계선은 없다고 생각한다. 물리적이고 구조적인 요소에 더욱 관심이 많아 건축공학과에 지원을 하게 되었지만, 이후에 사회에 나가서 건축과 관련된 일을 하게 된다면 건축가와 건축공학가 그 사이에 존재하는 사람이 되고 싶다. 설계 과목이나 디자인과 관련된 강의를 통하여 많은 것을 배워 건축가와도 소통을 할 수 있고 건축 공학과 관련된 강의들을 공부하여 건축공학가와도 소통을 할 수 있는 역할을 하고 싶다.

Q7. **마지막으로 하고 싶은 말이 있나? 혹은 건축과 관련하여 어떤 사람이 되고 싶나?**

A. 사람을 위한 건축을 하고 싶다. 물론 경제적으로 이익을 내는 것 또한 중요하겠지만 경제성을 중요시하는 사람이 아닌 사람을 중요시하는 건축 종사자가 되고 싶다. 경제성을 앞세우다가 붕괴 등의 참사가 이루어지는 건축물 등을 종종 보았다. 그러한 건축은 진정한 건축이 아니라 생각한다. 사람을 위한 진정한 건축을 하기 위하여 열심히 노력하겠다.

(4) 면접 후 아쉬운 점이나 후배에게 전하고 싶은 면접 팁이 있다면?

아쉬운 점은 특별히 없었다. 후배들에게 정말 말해 주고 싶은 점은 너무 긴장하지 말라는 점이다. 교수님들은 학생들을 무섭게 하지 않으신다. 너무 긴장하고 떠는 친구들은 면접을 하다가 우는 경우도 종종 있는데 이는 정말 좋지 않은 것이니 주의하도록 하자. 긴장을 하면 평소에 잘 준비했던 말들도 잘 하지 못하고 나오는 경우가 많으니 편안한 마음을 가지고 면접에 임했으면 좋겠다.

또 다른 점은 너무 달달 외워서 답하려 노력하지 말라는 점을 말해 주고 싶다. 물론 예상 질문을 미리 생각하고 예상 답변을 생각해 가야겠지만 처음부터 끝까지 로봇 마냥 대본을 읊는 식으로 답한다면 교수님들께서도 잘 봐 주지 않으실 것이다. 그러니 진정성 담긴 대답을 자연스럽게 하도록 연습하길 바란다.

Q10 본인이 합격한 가장 중요한 요인은 무엇이라고 생각하나요?

내신 성적이 좋은 편이 아니었기 때문에 자기소개서와 면접에서 좋은 점수를 얻었다고 생각한다. 우선 자기소개서에서는 내가 왜 이 과를 들어오고 싶은지, 본 과에 들어오기 위하여 어떠한 노력을 했는지에 대해서 진정성을 담아 서술했다. 거짓없이 담백하고 군더더기 없이 적은 것이 좋았던 것 같다. 1차를 붙고 2차 면접을 보아야 했는데 면접에서도 좋은 인상을 남겼다고 생각한다. 우선 면접을 보기 전 크게 긴장을 하지 않았던 것 같다. 그렇기 때문에 긴장을 해서 말을 더듬는다거나 할 말을 잊어 침묵이 이어지는 시간이 없었다. 면접이 진행되는 내내 조금씩 웃기도 하고 분위기가 굉장히 좋았던 것으로 기억한다. 또 중요한 점은 자신감 있고 소신이 있는 발언을 했다는 점이라 생각한다. 제시문 면접을 진행하다 보면 교수님들께서 가끔씩 내가 한 발언에 대해 반론을 하시는 경우가 있다. 이때 인정할 점은 인정하되 처음에 자신이 했던 발언에 대한 소신을 지키며 자신감 있게 면접을 이어 나갔으면 한다. 정해진 답은 없기 때문에 자신의 발언에 대한 반론이 들어왔을 때 너무 당황하지 않았으면 한다. 면접 내내 미소를 잃지 않으면서 본 과에 들어오고 싶은 진심 어린 마음을 내비춰 준다면 분명 좋은 결과를 얻을 수 있을 것이다.

Q11 마지막으로 선배로서 후배들에게 꼭 해 주고 싶은 조언이 있다면?

처음 입시를 준비하는 것이기 때문에 많은 혼란이 있을 것이라 생각된다. 적어도 1학년이 끝나기 이전까지는 자신이 수능으로 대학을 갈 것인지, 수시로 대학을 갈 것인지, 수시로 간다면 종합 또는 교과로 갈 것인지를 정하길 바란다. 이후에 가서 종합으로 대학을 가려고 하는데 활동한 내용이 없어 자기소개서를 적지 못한다거나, 교과로 가려고 하는데 활동은 많지만 내신 성적이 안 좋다거나 하는 혼란을 겪지 않았으면 한다. 수능으로 대학을 지원하려 하거나, 최저 등급을 맞추려 수능을 치려 하는 학생들이라면 꼭 고3 여름 방학까지 공부를 끝내겠다는 마음가짐으로 공부에 임했으면 좋겠고 끝까지 포기하지 말라는 조언을 하고 싶다. 학생부종합으로 대학을 지원하겠다는 학생들은 9월에 대학을 지원하기 이전 자기소개서 문항들을 읽어 보고 어떠한 내용으로 쓸 것인지 생각해 보거나, 더 나아가 한 번쯤 자기소개서를 작성해 보는 활동을 가지는 것을 추천한다. 대학교는 결과가 나오기 전까지는 아무도 모르는 것이니 끝까지 포기하지 말고 최선을 다했으면 좋겠다.

02. 자연계열

중앙대 에너지시스템공학부 20학번

Q01 고교 동아리 활동을 하면서 중점을 둔 것은 무엇인가요?

고교 동아리 활동을 하면서 중점을 둔 것은 진로와 관련된 동아리 활동을 진행하는 것이다. 물론 진로와 관련된 동아리여도 꼭 자신의 진로와 연관된 활동만 하는 것은 아니다 그렇기 때문에 자신의 진로와 관련되지 않는 동아리 활동이라서 참여를 하지 않는 것보다 관련되지 않다고 생각하여도 꼭 적극적으로 참여하고 그 활동에서 자신의 진로와 관련된 연결고리를 찾아서 생기부에 작성하면 좋을 것이다. 동아리를 선택할 때 꼭 자신의 진로와 관련된 동아리를 들어가는 것을 추천한다.

Q02 고3 여름 방학 활용에 대해 조언한다면?

본인은 학생부종합전형을 중심으로 입시를 준비했기 때문에 자기소개서와 학교생활기록부 작성에 거의 모든 투자를 하였다. 하지만 후회되는 것은 고2 겨울 방학 때 자기소개서를 한 번 작성해 보았다면 좋았겠다 하는 생각이 들었다. 여름 방학부터 준비하면서 시간이 매우 촉박하여 자기소개서 작성에 매우 큰 어려움을 겪었다. 고2 겨울 방학 때 꼭 자기소개서를 한 번 이상은 작성해 보기를 권한다. 그리고, 수능 또한 꾸준히 준비하였다. 학생부종합전형은 변수가 매우 많은 전형이기 때문에 좋지 않은 상황을 대비하여 수능 준비도 함께하였다. 자신이 선택한 전형에 자신감이 있다면 그 전형을 중심으로 고3 여름 방학을 보내기를 추천한다.

Q03 학교생활 중 수시 준비 과정에서 나만의 전략은?

'모두 참여하려고 노력하자'가 전략이었다. 학생부종합전형 평가에 있어 도전하는 자세와 노력은 매우 중요하다. 자신의 진로만 활동했다면 물론 좋은 평가를 받겠지만 최근의 추세는 한 분야가 아닌 다양한 분야를 접한 인재를 학생부종합전형에서 더 중요하게 생각한다. 진로와 직접 관련되지 않은 활동, 대회라도 시간만 된다면 모두 참여하는 것을 추천한다. 진로 관련된 활동과 대회에는 당연히 더 많은 관심을 기울이되 자신의 진로와 관련된 활동이 아니라고 해서 참여를 하지 않고 귀찮다고 생각하면 안 된다. 이런 활동을 통해 학교생활기록부에도 기록할 내용이 풍부해지면서 학교생활기록부를 작성할 때 수월하게 작성하실 수 있다. 그리고 어떤 활동을 할 때마다 그때그때 꼭 이 활동이 어떤 내용인지 무엇을 느꼈는지 활동에 어떤 영향을 받았는지 추가적으로 알아볼 내용이 있는지 등을 간단하게 메모를 해 두는 것을 추천한다. 활동한 그날에 간단하게 적어 둔 것을 바탕으로 학교생활기록부에 작성할 정도의 양으로 글을 작성해 두면 좋다. 세특을 쓸 때도 그 과목에서 배웠던 내용들 중에 진로와 연관 지을 수 있는 주제에 대하여 선정한 뒤 이를 교과서 수준의 내용만이 아니라 직접 그에 관련된 내용들을 찾아보고 공부하여 보고서 형식이나 ppt로 만들어 친구들 앞에서 발표하였다. 이처럼 세특에도 자신의 진로와 연관된 활동을 하는 것이 가능하다. 여기서 중요한 것은 수업 시간에 배운 것에 대해 더 폭넓은 지식을 쌓기 위하여 스스로 노력했다는 점을 보여 주어야 한다는 것이다. 이를 통해 탐구적인 역량을 드러낼 수 있으며 진로에 대한 관심을 보여 줄 수 있다.

Q04 효율적인 공부를 위한 시간 관리 노하우가 있다면?

짜투리 시간을 잘 활용하는 것이다. 학교 쉬는 시간, 점심시간, 저녁 시간을 잘 활용하는 것이 매우 중요하다. 물론 진짜 힘들 때는 쉬는 게 맞다. 고생한 자신에게 꼭 그에 마땅한 보상을 해 주는 것이 체력 관리에 있어 매우 중요하기 때문이다. 하지만 힘들지 않을 때는 꼭 쉬는 시간, 점심시간, 저녁 시간 즉, 자투리 시간을 이용하여 문제를 풀거나 암기 과목을 외우거나 자신이 해야 할 것을 하면 매우 큰 도움이 된다. 본인의 경우 차를 타고 이동하거나 화장실을 가거나 할 때도 자투리 시간을 활용하여 공부한 것이 도움이 많이 되었다.(특히, 시험 기간) 시험 기간에는 진짜 개념 하나라도 계속 보는 것이 중요하기 때문에 자투리 시간을 잘 활용한다면 시간 관리를 잘하고 있는 자신을 보게 될 것이다.

Q05 학교생활 중 교과 외에 가장 중점을 둔 활동은?

탐구 활동에 중점을 두었다. 과제별 연구 활동 즉, 자신의 진로와 관련하여 주제를 잡고 그 주제에 대하여 탐구, 연구를 진행하는 활동이다. 이 탐구 활동을 통하여 진로와 관련된 관심과 깊이 있는 지식, 탐구적 역량을 드러낼 수 있는 장점이 있었다. 이런 이유로 교과 외에 활동에서는 탐구 활동(과제별 연구 활동)에 가장 중점을 두고 활동하였다.

Q06 면접은 어떻게 보았나요?

(1) 면접 준비 방법과 면접 노하우는?

면접은 마무리된 학교생활기록부, 제출한 자기소개서를 바탕으로 준비했다. 학교생활기록부와 자기소개서의 내용을 읽어 보면서 면접관이 어떤 식으로 이 내용에 대하여 질문할지 예측하며 질문을 만들었고 내용 외의 일반적으로 질문하는 공통 질문도 만들었다. (예를 들어, 이 학교 이 과에 지원하게 된 동기는?) 질문을 다 작성했다면 질문에 대하여 어떤 식으로 답변할지 구체적으로 작성한다. 답변 내용을 작성할 때는 면접관이 질문한다면 실제 어떻게 답변할지 생각하며 답변할 내용을 구체적으로 작성해야 한다. 그래야 면접을 볼 때 버벅거리지 않고 부드럽고 자연스럽게 말할 수 있다. 면접 준비가 생각보다 시간이 오래 걸리기 때문에 3학년 1학기 학교생활기록부(마감)와 자기소개서 작성(제출 완료)이 끝났다면 바로 준비하는 것을 추천한다. 면접 전 컨디션 관리에 대해 설명을 하자면 자신감을 가지는 것이 매우 중요하다. 면접 준비를 열심히 하면서 이 학교는 내가 무조건 붙을 수 있다는 생각을 가지면서 준비를 하자. 그러면 자연스럽게 자신감을 가지게 되면서 컨디션 관리에 큰 도움이 될 것이다. 당연한 이야기지만 면접 당일은 무조건 떨릴 수밖에 없다. 본인은 면접을 많이 봤는데 마지막 면접까지도 정말 떨렸다. 이때 선택한 방법은 '그냥 떨림을 받아들이자.'였다. 떨림을 받아들이고 면접관들을 접하니 초반에는 떨린 목소리이긴 하였지만 점차 자연스럽게 말하고 있는 내 자신을 발견할 수 있었다. 나만 떨린다고 생각하지 않는 것이 중요하다. 떨림이 당연하다고 생각하고 면접실에 들어가는 것을 추천한다. 면접관들도 지원자들이 떨린다는 것을 잘 알고 있다. 면접 점수에 있어 가장 중요한 것은 면접관들의 질문이다. 예상했던 질문이 나오면 다행이지만 다 그럴 순 없다. 만약 예상치 못한 질문이 나왔을 때 "잘 모르겠습니다." 이 대답은 절대 절대로 하지 않는 것을 추천한다. 나는 예상치 못한 질문이 나왔을 때 한 5초 정도 생각하고 말을 시작하거나 "시간을 조금 주실 수 있나요?"라고 면접관들에게 양해를 구했다. 만약 정말 답변할 게 없다면 질문과 조금이라도 관련된 내용을 말하길 바란다. "모르겠습니다."보다 뭐라도 말하는 게 정말 중요하다고 생각한다.

(2) 면접 방식

자기소개서와 학교생활기록부를 바탕(서류기반, 인성, 가치관)으로 면접이 진행되었다. 일대다 형식으로 학생 1명과 면접관(2명~3명 정도)로 진행되었다. 내가 지원한 대학교 면접의 경우 이런 식이었고 다른 학교의 면접 방식은 제시문 기반, 교과 문제 풀이 등이 있을 수도 있으니 지원한 대학의 면접 방식을 잘 참고하기 바란다. 블라인드 면접이라면 자신의 이름, 부모님 직업, 성명, 고등학교 등을 언급하면 절대 안 된다. 지역 이름 또한 직접 말하기보다는 '제가 살고 있는 지역' 이런 식으로 말하면 된다.

면접 방식은 4곳 모두 똑같았다. 면접관들의 인원은 달랐지만 일단 면접 장소에 가면 대기실에서 대기하면서 면접 시작 시간 직전에 수험표와 자신의 증빙할 수 있는 (민증, 여권 등) 자료를 확인한다. 면접 대기 시간에 면접 관련 자료를 볼 수 있는 곳도 있고, 자료를 보지 못하는 곳도 있었는데 대부분 볼 수 있었다. 그리고 대기하는 시간이 오래 걸릴 수도 있으니 음식물 반입이 된다면 초코바(간식) 같은 것을 챙겨가면 좋다. 물은 필수로 챙겨가야 한다. 자기 차례 직전에 면접실 문 앞에서 대기하는데 보통 의자에 앉아서 대기한다. 이때가 진짜 제일 떨리는데 앞에서도 말했듯이 떨림을 받아들이자. 면접관들이 지원자가 떨린다는 것을 더 잘 알고 있기 때문에 편안한 분위기로 이끌어 주었다. (네 곳 다 그랬다.) 그리고 들어가서 예의 바르게 인사하고 의자에 앉고 면접 시작하면 된다. 끝나고 예의 바르게 마무리 인사하고 면접실에서 나오면 대기할 필요없이 귀가하면 된다.

공통적으로 받은 질문이 다른 과목에 비하여 가장 취약했던 과목과 가장 강했던 과목에 대한 내용이었고, 이 학과에 지원하게 된 동기나 자기소개는 주로 거의 다 물어보았다. 그리고, 생기부나 자소서에 있는 이론적인 부분의 내용도 질문하게 되면 말할 수 있게 충분히 자세하게 준비해야 한다. 나의 경우 생기부와 자소서에 언급된 염료 감응형 태양전지의 원리, 실리콘 태양전지 원리, PN 형 반도체가 무엇인지 등 이론적인 부분을 물어보았다.

Q07 본인이 합격한 가장 중요한 요인은 무엇이라고 생각하나요?

내가 원하는 전형을 미리부터 파악하고 전형에 맞게끔 1학년 때부터 준비한 것이 매우 중요했다고 생각한다. 중앙대학교를 탐구형인재전형으로 합격하였는데 이유는 앞서 말했던 탐구적인 역량(탐구보고서, 발표

등)을 세특, 자소서, 진로 활동에 많이 드러냈기 때문이라고 생각한다. 면접도 어느 정도 잘 보았지만 1학년 때부터 학생부종합전형 중심으로 준비해 왔기 때문에 전형 적합성이 내가 합격할 수 있었던 가장 중요한 요인이라 생각한다. 조언하자면 1학년때 대입 전형을 살펴보고 자신에게 맞는 전형을 선택하여 그 전형을 중심으로 활동을 하면 대입에서 많이 유리할 것이다.

Q08 마지막으로 선배로서 후배들에게 꼭 해 주고 싶은 조언이 있다면?

1학년때부터 3학년까지 대입을 준비하는 과정에서 슬럼프 없이 지나가는 것이 매우 좋지만 나와 내 친구들을 보면 항상 어느 시기에 슬럼프가 오기 마련인 것 같다. 그 슬럼프로 인하여 포기하지 않으면 한다. 2학년 1학기쯤 성적과 미래에 대한 고민에 슬럼프를 겪은 적이 있다. 만약 그때 포기했다면 절대로 중앙대학교에 합격하지 못했을 것이다. 아니 중앙대학교에 원서조차 못 썼을 것이다. 하지만 오히려 슬럼프를 기회 삼아 포기하지 않고 끝까지 노력하자는 다짐을 하게 되었고 노력을 넘어서 그 상황을 즐길 수 있게 되었다. '천재는 노력하는 자를 이길 수 없고 노력하는 자는 즐기는 자를 이길 수 없다', '피할 수 없다면 즐겨라' 라는 구절을 항상 생각하면서 학교생활을 하였다. 덕분에 당당하게 명문대에 합격할 수 있었다.

대입 전형 선택과 대학교 선택을 담임 선생님과 상담하게 되는데 담임 선생님에게 무조건적으로 의지하지 않았으면 한다. 담임 선생님과의 상담은 참고용으로만 생각하길 바란다. 대입 전형 선택과 대학교 선택은 자신이 하는 것이다. 물론 담임 선생님이 틀리다는 것은 아니다. 하지만 자신의 인생을 선택하는 것과 같은 것이기 때문에 자신의 선택이 중요하다는 것이다. 물론 그러기 위해 자신에게 맞는 전형과 대학교를 선택할 수 있는 능력을 갖고 있어야 한다. 나의 경우 담임 선생님이 중앙대학교를 쓰게 된다면 무조건적으로 불합격할 것이라고 말씀하셨다. 하지만 중앙대학교를 진짜 쓰고 싶었고 가능성이 없다고 보지 않았다. 결과적으로는 운이 좋았는지 모르겠지만 당당하게 합격을 하였다. 불가능이란 없다. 포기하지 말고 노력한다면 대입은 물론 인생을 성공하는 사람으로 거듭날 수 있을 것이다. 대입에 있어 가장 중요한 것은 대학교 원서 선택이라고 생각한다. 수시 원서는 6개이므로 1~2 안정, 3 적정, 1~2 상향 정도로 지원하는 것을 추천한다. 나의 경우 수시 원서를 쓸 때 1~2 안정, 3 적정, 2 상향 이렇게 지원했다.

02. 자연계열 고려대 산업경영공학부 19학번

Q01 고교 동아리 활동을 하면서 중점을 둔 것은 무엇인가요?

동아리 활동의 내용의 방향성을 내가 지원하려는 학과와 맞추려고 노력했다. 예를 들어 꿈이 IT 관련인데, 토론 동아리에서 토론을 할 때 주제가 자율 주행 자동차라면 그 토론 주제를 심화하여 참여하고, 방송부 활동이라면 다양한 IT 기기를 다뤄 보는 등의 활동을 했다. 다양한 경험을 할 수 있는 동아리 활동도 좋지만 가능하면 자신의 진로와 관련된 활동을 할 수 있는 동아리가 베스트 오브 베스트라 생각한다.

Q02 고3 여름 방학 활용에 대해 조언한다면?

고3 여름 방학에 꼭 해야 할 것은 자기소개서에 시간을 많이 투자하는 것이다. 여름방학에 자기소개서를 완성해야 한다 생각하고 자기소개서를 준비하자. 수시 접수가 9월인데, 그때쯤이면 수능 공부도 해야 하고 준비할 게 너무 많다. 4번 문항의 경우 대학마다 문항이 다르다. 자신이 지원하는 대학교를 여름 방학 전에 정해서 대학별 4번 문항 또한 여름 방학에 완성해야 한다. 자기소개서를 8-9월에 준비하다 보면 시간도 촉박하고, 이 시기가 되면 학교 선생님들도 나뿐만 아니라 여러 학생의 자기소개서도 봐줘야 하기 때문에 내 자기소개서만 꼼꼼하게 봐주기가 힘들다. 주위 대학생들에게 멘토링을 부탁하는 것도 정말 좋은 방법이다.

Q03 학교생활 중 수시 준비 과정에서 나만의 전략은?

수시 원서를 쓰면서 시간 관리와 일정 계획에 신경을 많이 썼다. 면접 날이 겹치는 대학도 많고, 대학마다 요구하는 생기부가 달라 자신이 지원하는 대학이 무엇을 요구하는지, 그 대학의 수시 모집 일정은 어떻게 되는지 정확히 파악해서 면접이 겹치는 경우가 없도록 신경을 많이 썼다. 면접은 수능 직후 혹은 수능 전인 경우가 많아 수능 공부와 병행하려면 정말 시간 관리를 잘 해야 했다. 무심코 보내는 시간을 모으다 보면 그게 몇 시간이 된다는 점을 잊지 말자.

Q04 후배에게 추천해 주고 싶은 책이 있다면? 이유는?

《제 4차 산업 혁명》(클라우스 슈밥)이라는 책을 추천한다. 지금 현대 사회의 트렌드는 4차 산업 혁명을 기반으로 한 기술적 발전이다. 문이과를 막론하여 모든 기업에 이러한 최신 기술이 반영되고 있고, 이러한 시대에 발맞춰 스스로를 발전시켜 나가려면 관련 책을 통해 그에 관한 소양을 쌓아야 한다.

Q05 효율적인 공부를 위한 시간 관리 노하우가 있다면?

스터디플래너 작성이 시간 관리의 기본이자 끝판왕이다. 아침 공부를 시작하기 전 오늘 할 일과 어제 못 한 일을 정리했다. 그리고 그걸 적어서, 시간을 배정하다 보면 중간에 분명 비는 시간 혹은 자투리 시간이 생긴다. 이 시간이 중요한데 못 한 공부를 더 하거나 다른 수행평가나 대회를 준비하는 시간으로 이용했다. 자투리 시간은 어쨌든 '남는' 시간이다. 고3 때 개개인이 공부하는 양은 모두 비슷하다. 얼마나 효과적으로 공부하느냐가 등급을 가른다. 효율적인 공부법, 즉 확실한 시간 관리를 강조하는 이유가 여기에 있다.

스터디플래너를 작성하게 된 계기는 오늘 해야 할 공부가 어떤 것이 있는지를 먼저 파악하고 하루를 시작하자는 마음에서다. 1학년 2학기가 되어서 본격적으로 공부를 좀 시작해 보려는데 막상 공부를 하려니까 무엇부터 해야 될지 몰라 시작을 할 수가 없었다. 그런데 주위에 공부 잘하는 친구들을 보면 모두 스터디플래너를 이용하고 있었다. 그래서 일단 무작정 따라하기 시작했다. 아침에 공부를 시작하기 전 잠시 어제의 하루를 되돌아보고 오늘의 하루를 계획하는 시간을 가졌다. 그러다 보니 해야 할 공부가 무엇인지도 알게 되었고, 그걸 성취해 나가는 기쁨이 있어서 그때부터 스터디플래너 작성이 습관이 되었다.

Q06 수능 전 컨디션 관리는 어떻게 했는지?

아침을 든든하게 먹으면 오히려 배가 아픈 체질이라 속에 안정을 주기 위해서 수능 한 달 전부터는 죽을 먹었다. 죽을 먹으면 속이 안정되는 기분이랄까? 그렇게 식단을 관리했고, 규칙적인 시간에 잠들기 위해 노력했다. 절대 밤새면서 공부하고 그러지 않았다. 밤을 새면 오히려 수면 패턴이 망가지기 때문이다. 이렇게 한 달 전부터 했고, 2주 전부터는 수능 시간표에 맞춰서 공부를 시작했다. 국어, 수학, 영어, 한국사. 탐구… 이런 순서로 공부를 하고, 야자 때는 부족했던 공부를 했다. 수능 전날에는 10시에 침대에 누웠다. 이상하리만큼 잠이 잘 왔다. 마음을 편하게 먹어서 그런 것 같다. 마음을 편하게 먹으라는 말을 하고 싶다.

Q07 학교생활 중 교과 외에 가장 중점을 둔 활동은?

세부 능력 및 특기 사항에 중점을 뒀다. 생기부 중심 입시를 준비하다 보니 아무래도 가장 중요시되는 세부 능력 및 특기 사항을 채우는 것에 중점을 뒀다. 2학년 때 진로를 잡아서 그에 맞춰 다양한 과목들의 세특을 적었다면 3학년 때는 진로를 더 심화하여 세특을 적어 나갔다. 예를 들어, 공대 쪽이 진로라면 미적분이나 기하와 벡터 등에 조금 더 신경써야 하고, 경제학과나 이런 쪽을 희망한다면 경제학에서 배우는 수학 등에 대해 조금 더 탐구해서 그것을 세부능력 특기사항으로 적어 내는 방법 등이 있다.

세부능력 특기사항을 쓰는 노하우라면 먼저 교과서의 목차를 살펴보라는 이야기를 하고 싶다. 가령 경제학과가 진로인 학생의 예를 들어 보면 경제에는 경제 수학, 경제 통계 등 우리가 배우는 확률과 통계 및 미적분의 많은 공식들이 쓰인다. 확률과 통계는 경제학과에서 매우 자주 쓰는 부분이고, 초월 함수의 미적분은 경제학과에서의 그래프를 이해하는 것에 자주 쓰인다. 그래서 진로가 경제학과라면 미적분 과목의 세부능력 특기사항에 '자신의 진로와 초월 함수의 미적분이 많은 관련이 있음을…' 이라는 식으로 작성할 수 있다. 목차를 보며, 자신의 진로와 관련 깊겠다 싶은 주제를 정해 그것을 탐구함으로써 세부능력 특기사항을 작성할 것을 추천한다.

Q08 면접은 어떻게 보았는지?

(1) 면접 준비 방법과 면접 노하우는?

생각을 넓히자. 뉴스 기사나 신문 등을 보면서 이러한 이슈는 면접에 어떻게 나올까? 등을 생각하면서 그것을 적어 보자. 작년에는 미세먼지가 유행이었고, 실제로 많은 대학들의 면접 질문에 미세먼지 관련 내용이 있었다. 예를 들어, 미세먼지 관련 기사를 보면 미세먼지를 많이 배출하는 자동차들을 국가가 관련법으로 규제하는 것이 맞는가? 맞다면 그 자동차들의 소유주는 국가가 어떻게 해야 할까? 등 꼬리에 꼬리를 물어 스스로에게 질문해 보고 대답해 보자. 위 질문은 실제로 경희대학교 면접에 나왔던 질문이다.

(2) 면접 방식

제시문 면접과 생기부 기반 면접이 있는데 제시문은 면접장에 들어가기 30분 전에 제시문을 준다. 그렇게 생각할 시간을 주게 하고 면접장에 들어가서 말하는 방식이다. 생기부 기반 면접은 면접관들이 지원자의 생기부를 보고 질문을 하는 것이다. 그렇기에 제시문 면접은 1항에 말한 대로 생각을 넓히는 방법으로 준비해야 하고, 생기부 기반 면접은 자신의 생기부를 많이 읽어 보면서 질문할 거리가 있는 소재를 찾아 충분히 대비를 하는 방식으로 준비를 해야 한다. 면접의 분위기는 그렇게 까다롭지 않다. 면접관들도 많이 웃어 주고 자유로운 분위기를 형성해 주려고 노력한다. 너무 겁먹지 말자.

(3) 면접 문항과 답변

고려대학교의 경우 저출산 고령화를 줄일 수 있는 정책, 세계 인구가 더 늘어나면 생길 수 있는 문제점 등과 생기부에 대한 내용을 물었고 경희대학교는 미세먼지와 자동차가 제시문이었다. 건국대학교는 생기부를 기반으로 질문을 했다. 이런 면접 질문들은 입시 관련 카페에 가면 많이 있으니 찾아서 면접 연습에 활용하면 좋을 것 같다.

(4) 면접 후 아쉬운 점이나 후배에게 전하고 싶은 면접 팁이 있다면?

자기소개서에 대학교 전공을 수박 겉핥기 식으로 공부했다는 뉘앙스가 있었는데 건국대학교 면접관이 딱 그 부분을 심화해서 물어보았다. 심화해서 공부하지는 않은 부분이라 대답을 제대로 하지 못했고, 결국 예비 번호도 못 받고 떨어졌다. 이렇듯 대학교에 대한 내용을 자기소개서에 담았다면, 그 부분을 철저히 준비해 가야 면접관의 날카로운 질문에 확실히 대답할 수 있다.

Q09 본인이 합격한 가장 중요한 요인은 무엇이라고 생각하나요?

입시를 준비하며 생활기록부에 정말 신경을 많이 썼다. 선생님께 드릴 세특 반영사항이 나중에 면접 혹은 1차 서류 심사 때 어떠한 방향으로 benefit이 될 수 있을 것인지 정말 많이 많이 고민했고 자기소개서 또한 문항 당 10번은 첨삭할 정도로 노력을 많이 들였다. 또한 자율 활동이나 독서 활동 등 어느 하나 빠질 것 없이 꼼꼼히 전공에 맞춰 작성했다. 자율 활동의 내용이 독서 활동의 내용을 증명할 수 있게끔 유기적으로 연결시켰는데 그만큼 생기부와 자기소개서에 자신이 있었고, 1차 서류 평가에는 모두 합격할 것이라는 확신과 함께 서류를 넣었다. 예상대로 1차 서류 평가에 모두 합격했다. 아쉽게도 면접에서 조금 미끄러지긴 했지만 그래도 고려대 합격이라는 결과를 얻어냈으니 만족한다. 후배님들도 자신이 정말 내세울 수 있을 정도로 생기부와 자기소개서에 공을 들이면 좋겠다. 내신은 높으면 좋지만, 낮다고 해서 무조건 포기하지 말자. 생기부와 자기소개서로 어느 정도는 커버할 수 있다.

Q10 마지막으로 선배로서 후배들에게 꼭 해 주고 싶은 조언이 있다면?

(1) 내신관리

- 긴 호흡으로, 3년 동안 꾸준히 공부하면서 급격하게는 아니라도 성적을 상승시키자. 그게 내신 관리의 기본이고 학생부종합전형의 기본이다. 상승 곡선은 최고의 스펙이다.
- 중학교 때 잘해 봤자 노력하지 않는다면 고등학교에서는 소용이 없

다. 고등학교 공부는 노력이 80프로다. 머리는 좋아도 그만, 안 좋아도 그만이다. 노력해도 머리가 좋지 않다고 성적이 나오지 않는다는 학생들의 경우는 그 방법을 바꾸면 된다.

- 과탐 같은 경우, '학교 수업'을 중심으로 인강 듣는 걸 개인적으로 추천한다. 단, 인강을 듣는 그 순간만큼은 정말 주체적으로 공부해야 한다.
- 3학년 1학기 때는 정말 머릿속에 공부 빼곤 모두 지워야 한다. 이 시기는 정말 다른 거 다 포기하고 공부에만 매진해도 그만한 가치가 있다. 미래를 위한 투자라고 생각하자.
- 이때는 개개인의 노력 수준이 모두 비슷하다. 너 나 할 거 없이 아주 열심히 공부하니까. 누가 더 효율적으로 공부하느냐에 따라서 등급이 갈린다. 이런 이유로, 3학년 1학기 전에 자신에게 맞는 효율적 공부법을 찾아서 3학년 1학기에 써먹으면 좋은 결과를 얻을 수 있다. 보통, 이 시기 등급은 중간고사에서 결정된다고 보면 된다.

(2) 수시 + 수능

- 자기가 지원할 대학과 그 전형은 2학년에서 3학년 넘어가는 겨울 방학 때 정해야 한다. 선배들이 누누이 우리들한테 강조한 부분이고 나 또한 후배들에게 무조건 강조하고 싶은 내용이다. 시기에 모두 정해야 한다. 대학교를 정하는 과정은 생각보다 어렵다.
- 입시는 스스로 하는 것이다. 담임 선생님한테 너무 많은 것을 바라지 마라. 대학은 여러분이 가는 것이다.
- 수시 6개 대학은 정말 신중, 또 신중하게 결정해야 한다. 다 떨어지고

이 대학만 간다고 해도 후회 없는 대학으로 써야 한다.

- 면접은 대학교의 수준을 따라가지 않는다. 개인적으로 고려대학교 면접이 제일 쉬웠고, 10분 동안 심화 개념만 주구장창 물어본 건국대 면접이 제일 어려웠다.
- 입시는 어떻게 될지 정말 모른다. 수능도 어떻게 나올지 절대로 모른다. 제일 자신 있었고 4개월 동안 올인했던 국어랑 과탐에서 뒤통수를 맞고 연세대랑 성균관대에 불합격했다. 그만큼 수능 최저가 걸려 있는 경우엔 기말고사 끝난 시점부터 약 4개월 동안 정시생처럼 공부해야 한다.

인내는 쓰지만 그 열매는 달다는 말은 고등학교 3년을 두고 만들어진 말이라고 생각한다. 3년 동안 계속 잘하는 학생은 없다. 중간에 넘어져도 좋다. 포기하지만 말자.

02. 자연계열

연세대 식품영양학과 20학번

Q01 고교 동아리 활동을 하면서 중점을 둔 것은 무엇인가요?

동아리 활동은 교과 지식적인 부분과 문제 해결 등 본인의 능력을 보여 줄 수 있는 부분, 이 두 가지 모두를 충족시켜야 한다고 생각한다. 따라서 본인이 관심있는 전공 분야에 관한 활동과 그 외에 보여 줄 수 있는 강력한 면을 가진 활동을 진행하는 동아리를 찾아서 들어가는 것이 중요하다.

먼저 희망하는 학과에 관련된 전반적인 지식을 보여 줄 수 있는 활동이 있어야 해서, 과학 동아리에서 여러 가지 실험 활동들과 과학 행사들을 기획했다. 그러면서 2학년 때 나만의 창의적인 실험을 진행하고 싶어서 아이디어를 구했고 '옥수수 불검화 추출물을 이용한 발포형 구강청결제' 프로젝트를 1년 동안 진행했던 게 자소서에서도 중점이 되었던 활동이다. 과에 관련된 활동은 자소서나 생기부에서 미래의 진로 방향까지 잡는 중요한 소재가 될 수 있기 때문에 차별화된 주제로 깊게 파고들 수 있어야 한다. 이때 주제를 잡는 데에 어려움을 갖기 마련인데 충분한 시간을 두고 고민하는 게 좋다. 특히 지방에 있는 친구들은 그 지역의 특이점을 이용하면 좋다고 생각하는데, 이렇게 하면 다른 지역과 차별성을 두고 지역에 관심을 가졌음을 보여 주는 소재로도 활용 가능하다.

그 다음에 중점을 둔 것은 내 능력들을 보여 줄 수 있는 활동들을 하는 것이었다. 지역의 문제점들을 파악하고 학생 스스로가 해결하는 동아리 활동을 통해 지역의 인구 감소 문제와 경제 위기 문제를 인식하였고 이를 해결하고자 '정선군 가상인구 프로젝트'와 '탄광 테마 카페 설립 프로젝트'를 진행했다. 이런 활동들 하면서 실제로 문제를 맞닥뜨리고 창의적으로 해결하는 능력을 기를 수 있었고, 새로운 대안을 내는 주도적인 면모를 보이도록 노력했다. 이외에도 기숙사에서 자율적인 학습이 이루어지기 어렵다는 점을 파악하여 직접 기숙사 아침 스터디를 개설하였고, 친구들에게 필요한 부분을 개선해 주려는 모습을 보이도록 자소서에도 소재로 사용했다.

동아리 활동들은 직접적으로 자소서와 생기부에 연계될 수 있는 중요한 소재이기에 신중하게 시작하고 활동해야 한다. 학기 초에 다양한 동아리들을 접하게 되는데, 진행하고 싶은 활동을 생각하면서 동아리 가입을 하도록 권유하고 싶다. 만약 원하는 동아리가 없다면 두려워하지 말고 새로운 동아리를 만들자!

Q02 고3 여름 방학 활용에 대해 조언한다면?

수시를 준비했던 학생으로서 고3 여름 방학은 수능 공부 외에도 자소서, 면접, 대학 선정 등으로 매우 혼잡했었다. 따라서 학교 수업이 없는 이 시기를 본인이 잘 컨트롤 할 수 있어야 하는데, 나는 오전, 오후에 공부를 하고 저녁에 자소서나 면접 준비를 하는 등 교과 외 준비로 시간을 보냈다. 〈수능 공부〉와 〈자소서, 면접〉을 준비하는 영역은 매우 다르기 때문에 이와 같이 규칙적인 패턴으로 저녁까지 집중력을 잃지 않도록 했다.

지원하고자 하는 전형에 따라 면접을 치르게 될 것 같은 고3 학생들은 여름 방학에 생기부를 기반으로 하는 면접은 꼭 준비하는 것이 좋다. 생기부를 한 부 출력해서 한 줄씩 꼼꼼하게 읽은 후 면접 질문으로 나올 수 있는 것들을 뽑아 보고 여기에 대한 답변을 준비하는 것이다. 2학기가 시작되면 제시문 면접이나 심층 면접을 대비해야 하므로 기본적인 생기부 기반 면접은 여름 방학부터 시작하는 게 좋다.

Q03 취약 과목은 어떻게 공략했는지?

내가 가장 취약했던 과목은 국어다. 특히 국어 비문학을 어려워했는데, 비문학은 어떤 주제로 나올지 예상하지 못한다는 점에서 더욱 어렵게 느껴졌다. 그래서 비문학을 대비하는 공부법이 따로 필요하다고 생각하였고, 비문학을 읽기 전에 문제를 먼저 읽고 문제에서 캐치한 키워드들로 지문을 읽은 후 옆에 간단히 요약하는 방법을 택했다. 요약하는 과정에서 시간이 낭비된다는 생각이 들 수 있으나, 키워드마다 지문을 쫓아다니면서 읽는 방법 대신 내가 요약한 내용을 보는 것이 시간이 훨씬 절약되었다.

Q04 학교생활 중 수시 준비 과정에서 나만의 전략은?

수시에서 자소서와 면접은 3학년 때 준비하는 것이지만, 내신을 잘 얻기 위해서는 꾸준히 학습하는 태도가 필요하다. 나 같은 경우도 미리 수시를 택하여 항상 내신을 우선하며 학교 생활을 했다. 내신은 학교 선생님들마다 출제하는 스타일이 다르므로, 항상 시험 끝난 후 선생님들의 출제 경향을 정리해 두었고 실제로 다음 시험 대비를 위해서 공부할 때 효율적으로 공부할 수 있었다. 또한 항상 적극적으로 선생님들께 도움을 요청했다. 내가 희망하는 학과와 가장 연관된 선생님을 뵈면서 자소서, 면접 검토를 요청하였고 적극적으로 선생님을 방문하니 선생님도 내 진로에 관심을 가져 주셨다. 경험이 있는 선생님들의 도움은 처음 입시를 준비하는 나에게는 매우 유익하였고, 좋은 결과로 이끌어 주었다.

Q05 후배에게 추천해 주고 싶은 책이 있다면?

추천해 주고 싶은 책이 있기보다는 책에 대한 방향성을 제시하고 싶은데, 이슈가 되었고 정말 많은 학생들이 읽는 책을 독서 기록에 기재하게 된다면 감수해야 하는 리스크가 발생할 수 있다. 그런 중요한 책들을 읽고 자신의 생각을 보여 줄 수 있다면 정말 좋겠으나, 만약 그럴 여건이 되지 않는 학생들은 자신의 수준에 맞는 책들을 다양하게 읽어 보는 것이 좋다. 나 또한 상위권 대학 필독 도서라는 과학 도서들을 어려워서 읽지 못했는데, 만약 면접 때 질문이 들어와서 어영부영 넘겨지는 것보다 정확하게 알고 읽은 책들에 대해서 생각을 뚜렷이 전하는 게 중요하다.

조금이나마 추천해 주고 싶은 책은 《정답을 넘어서는 토론학교》이다. 이 책은 인지도가 높지도 않고, 필독 도서도 아니지만 여러 주제들에 대한 찬반의 의견을 누구에게나 쉬운 수준의 내용으로 가볍게 읽기 좋게 정리하고 있다. 이러한 책들을 한 번 가볍게 읽으면 면접에서 이야기할 수 있는 폭이 넓어지고 여러 입장의 생각을 들어볼 수 있다는 점에서 추천하고 싶다.

Q06 효율적인 공부를 위한 시간 관리 노하우가 있다면?

고등학교 1-2학년 때까지 열심히 플래너 작성을 하였으나, 플래너를 예쁘게 쓰려고 노력하는 데에도 시간이 오래 걸리고 실행하지 못하는 부분에서 좌절감도 크게 느꼈다. 그래서 자연스럽게 3학년이 되어서는 쓰지 않았는데, 그럼에도 시간 관리를 철저하게 할 수 있었던 것은 본인이 해야 하는 양을 눈에 보이는 곳에 적어 두었기 때문이다. 간단하게 매일매일 해야 하는 과제나 공부량을 포스트잇에 적어 두었고 다 완성하면 떼서 버리는 방식으로 계획을 눈앞에서 정리하려고 했다. 이런 습관들이 조금조금씩 모이면 구체적인 스터디플래너를 작성할 수 있겠으나, 플래너 작성이 필수는 아니라고 생각한다. 포스트잇을 이용하여 공부량을 관리하면 빠르게 작성하고 빠르게 실행할 수 있어서 공부량 관리가 더 수월하였다.

Q07 수능 전 컨디션 관리는 어떻게 했는지?

수능 컨디션 관리는 최대한 일찍 하는 것이 좋다고 들었는데, 나를 포함한 수많은 학생들이 막상 수능이 다가오면 이러한 다짐을 지키기 어려워한다. 나는 일찍 자고 일찍 일어나는 습관은 일주일 전부터 들여놨었고, 생활 패턴의 시간만 조정했을 뿐 공부 방식은 그대로 유지했다. 또한 긴장을 많이 하는 편이어서 중요한 날에는 청심환을 먹곤 하는데, 그 당일날에도 청심환을 먹었다. 만약 나처럼 약을 먹어야 한다면 최소 한 달 이전부터 복용하여 본인의 몸에 맞는지 확인할 것을 추천한다. 항상 새로운 환경에서 갑자기 적응하기는 어려우므로 일정 기간을 설정한 후 적응할 수 있도록 컨디션을 관리하는 것이 좋다.

Q08 학교생활 중 교과 외에 가장 중점을 둔 활동은?

앞서 얘기한 동아리 활동에 가장 중점을 두었고, 이외에는 학급 실장으로서 학급 내의 원만한 교우 관계를 위해 노력했다. 특히 우리 반에는 정신적으로 어려움을 겪는 친구가 있었고 그 친구를 도와줬던 부분들을 자소서 3번에도 잘 기재할 수 있었다.

다른 학생들과 다르게 교내 수상과 봉사, 독서를 많이 챙기지 못했다. 지역적인 한계와 소규모 학교의 한계를 모두 지니고 있어서 내가 입시를 준비했을 때에도 소규모 학교에서의 경쟁과 공부를 인정받을 수 있을까 싶었는데, 이런 한계점들을 오히려 자소서와 생기부에서 언급을 하고 이러한 지역의 문제점들을 인식한 프로젝트 활동으로 보완하려고 하였다.(나의 경우에는 지역 경제를 위해 농산물을 이용한 구강 청결제 제작, 지역의 인구 감소 문제 해결 프로젝트, 지역 활성화를 위한 테마 카페 설립 프로젝트를 하였음.) 주어진 환경에서 최선을 다하는 것이 중요하다. 지방의 한계와 문제점들을 받아들이는 것으로 끝날 것이 아니라 오히려 문제점들을 잘 활용할 수 있는 자세가 필요하다고 생각한다.

Q09 노트 필기나 개념 정리 노하우가 있다면?

따로 노트 필기를 하지 않았고, 정말 기본적인 학교 수업 필기를 그대로 옮겨 공부를 했다. 노트 필기를 하려고 하면 예쁘게 꾸미고 싶은 생각이 커서, 그러한 부분에 시간 투자를 많이 하지 않으려고 했다. 보통 인터넷 자료나 문제집에서 따로 요약이 잘 되어 있는 부분을 얻을 수 있는데, 이러한 부분들을 프린트해서 필기본처럼 들고 다녔고 따로 더 중요하다고 생각하는 부분은 포스트잇으로 옮겨 담았다. 처음부터 노트 필기를 하는 것이 아니라서 시간을 절약할 수 있기도 하며, 혼자 정리하면 놓칠 수 있는 부분까지 정리되어 있어 편리하게 쓸 수 있다는 장점이 있었다.

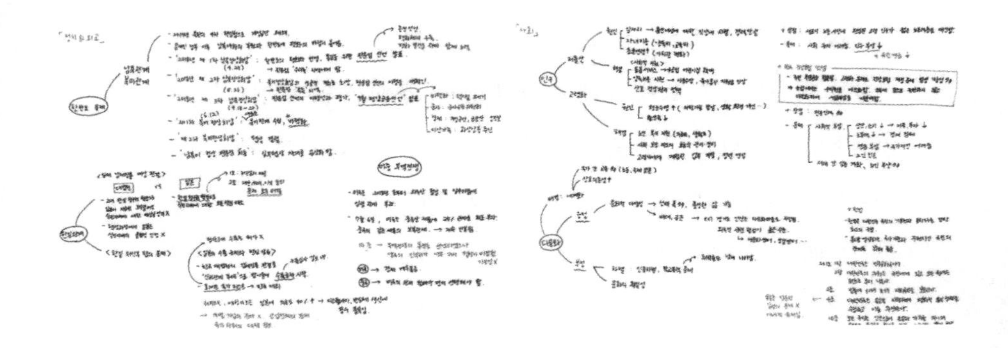

Q10 면접은 어떻게 보았나요?

(1) 면접 준비 방법과 면접 노하우는?

먼저 본인이 보는 면접에 대해서 파악을 하는 것이 중요하다. 기본적으로 자소서+생기부 기반 면접이 있고, 교과 지식을 물어보는 면접과 제시문 면접이 있다. 나의 경우 면접을 준비하는 대학에서 자소서+생기부 기반과 제시문 면접이 있었고, 각각의 면접 시간도 고려하여 준비할 때 비중도 다르게 두었다. 먼저 자소서+생기부 면접은 예상 질문은 모두 뽑아

내고 답변을 간략하게 기록해서 준비할 수 있도록 하였다. 이 준비는 모의 면접을 진행하면서 학교 선생님들께 질문을 받는다면 효과가 좋은 것 같다. 다음 제시문 면접은 아래 첨부한 사진과 같이 대비를 했다. 최소 5년치 학교 기출 문제(전형에 관계없이)를 뽑은 후 주제 스타일과 문제 유형을 파악하는 것이 중요하다. 그 후 키워드 중심으로 생각들을 정리하고 정보들을 모으면서 어떠한 주제가 나오든 대답할 수 있는 준비를 했다. 아래와 같이 정치외교, 사회 등의 카테고리를 만들고 그에 대한 정보들을 모으면서 이것이 답변을 마련한 게 기반이 되었다. 물론 모든 주제에 대한 예측이 어렵기에 접근 자체가 어려운 내용이 나올 수 있으나, 이러한 방식으로 다져진 준비가 제시문을 본 후에 빠르게 사용될 수 있어 많은 도움이 되었다.

(2) 면접 방식

학교마다, 전형마다 스타일이 다르지만 내가 봤던 면접 방식들은 〈한 면접장에서 제시문 면접과 간단한 자소서+생기부 면접(총 10분)〉을 진행하거나 〈1차 방에서 제시문 면접(10분) 진행 후 2차 방에서 자소서+생기부 면접(10분)〉으로 진행했다. 초반에 대기 시간을 가진 후, 본인이 속한 조가 차례로 면접을 보는 곳으로 이동하게 되는데 면접 방식에 따라 제시문을 준비하는 방에 따로 들어가기도 한다.

(3) 면접 문항과 답변

받았던 면접 질문들을 아래에 정리했다. (제시문 면접은 학교 기출로 확인할 수 있어서 중복될 수 있기에 기재하지 않았다.)

- **우리 학교 우리 과에서 어떤 것을 배우는지 아는가:** 면접 대비를 위해 학교 사이트를 통해 얻었던 정보들이 많기에 무난하게 잘 답변을 했다. 이와 더불어 희망 진로를 엮어서 연결성을 언급하며 답변했다.
- **고3 때 기하와 벡터 세특에 어려움을 느꼈다고 써 있는데 극복한 방법은?:** 수학에 대한 질문은 전혀 예상치 못했어서 속으로 엄청 당황했으나 티 내지 않으려고 했다. 그냥 기본적인 대답을 하는 게 좋겠다고 생각 해서 공간 도형을 공부할 때 다양한 측면을 시각에 맞춰서 학습한 방법을 말씀드렸다.
- **'탄광 테마 카페' 활동이 무엇이고 본인이 느낀 점? / 본인이 진행한 실험 프로젝트에서 느낀 점?:** 생기부 면접 대비하면서 준비를 많이 해서 정확하게 답변할 수 있었다. 활동을 소개하고 이 과정에서 어려웠지만 해결한 점, 배웠던 자세, 깨달은 점 등 여러 가지를 이야기했다.

  제시문 외에 생기부+자소서 면접은 예상할 수 있는 선에서 날카롭지 않게 질문을 받아서 제시문 면접의 비중이 클 것이라고 예측하였다.

(4) 면접 후 아쉬운 점이나 후배에게 전하고 싶은 면접 팁이 있다면?

한 번은 예년과 달라진 문제 스타일과 양에 놀라서, 시간 내에 제시문을 제대로 읽지 못하고 들어간 적이 있었다. 그래도 준비한 양에 대해서 최선을 다해서 답변을 했지만 캐치하지 못했던 부분에 대해서 면접관이 되물어서 당황했던 적이 있다. 따라서 제시문 면접에서 제시문을 정말 꼼꼼히 다각적으로 분석하는 것을 추천한다. 그러기 위해서는 면접 전에 충분한 일정을 가지고 준비가 많이 필요하다.

또한 면접은 대기 방식과 시간도 개개인마다 모두 다르니 면접장에서

먹을 간단한 간식과 충분히 살펴볼 면접 준비 자료를 챙기길 바란다. 일례로 고려대학교 학추1 전형에서 오후 12시 반에 대기실에 입실했는데 면접 후 나온 시각은 오후 5시 반을 넘어서였다. 이처럼 어떤 상황도 예상할 수 없기 때문에 당일에도 만반의 준비를 해서 가도록 하자.

Q11 본인이 합격한 가장 중요한 요인은 무엇이라고 생각하나요?

가장 중요한 요인은 자신감인 것 같다. 1차 서류 면접은 수월하게 붙었던 반면에 2차 면접에서 실력을 잘 발휘하지 못했고, 마지막 면접에서 합격의 기쁨을 얻게 되어 합격/불합격의 찰나를 가장 잘 느낄 수 있었다. 떨어졌던 이전 면접에서는 그냥 면접관들과 간단한 소통을 한다고 느꼈으나 마지막 면접에서는 강력하게 의견 전달도 하고 자신감 있는 답변으로 확신을 주었다. 당시 말하면서도 같은 내용을 전달할 때, 전달력과 자신감이 중요하다고 생각하였고 실제로 가장 크게 작용했던 것 같다. 자신감 있게 하려고 해도 실제 면접장에 가서는 잊기 마련인데, 면접 이전까지 이를 계속 상기시키려고 했더니 잊지 않을 수 있었다. 따라서 어떠한 답변이든 자신감에 찬 상태로 뚜렷이 답변하는 것이 중요하다고 생각한다.

Q12 마지막으로 선배로서 후배들에게 꼭 해 주고 싶은 조언이 있다면?

진로와 학과에 대한 고민이 정말 많아 수시 원서를 쓸 때 같은 생기부로 3개의 다른 과 입시를 준비했다. 이 중에서 4곳이 서류에서 합격할 수 있었던 점은 꽤나 중구난방이었던 생기부 내용과 프로젝트들을 그 과에 알맞게 최종적으로 자소서에서 잘 표현했던 부분이라고 생각한다. 따라서 꾸준히 챙기는 생기부(성적 포함)와 1차 합격을 위한 관문인 자소서를 얼마나 준비하느냐가 중요한 것 같다. 나의 경우에는 '옥수수 구강 청결제 제작 실험 프로젝트'를 식품영양과에서는 음식을 활용한다는 점, 보건환경융합과에서는 보건의약품을 제조한다 점, 의예과에서는 생명을 위한 의약품이라는 점을 각각 다차원적인 접근으로 극대화하였다. 실제 고3때 진로 희망에는 '의사'라는 꿈을 썼지만, 다른 과(식품영양, 보건융합) 서류 전형에서 모두 합격하였다. 이렇듯 하나하나의 키워드에 너무 얽매이기보다는 상황에 맞게 본인에게 유리한 방향으로 이끌 수 있는 방법이 있기에 많이 고려해 보면 좋을 것 같다.

고등학교 1학년 때부터 입시를 맞닥뜨리고 3년 동안 맞서기에는 꽤나 긴 과정과 고통이 뒤따른다. 힘든 만큼 좌절하고 싶은 생각도 많이 드는데, '그동안 해 놓은 것들이 아쉬워서라도 버텨 보자.'라는 심정으로 꾸준히 해냈다. 공부하기 힘들 때는 가장 가고 싶었던 대학을 찾아보고 그 대학에 있는 모습을 상상하면서 공부 의욕을 다졌다. 어떠한 방식이든 이처럼 본인이 고통을 이겨낼 수 있는 방법을 찾으면 좋을 것 같다. 기나긴 수험 생활 겪느라 수고가 너무 많고, 꼭 원하는 대학에서 좋은 선후배 사이로 만날 수 있는 기회가 주어지길 바란다. ^^

02. 자연계열 연세대 전기전자공학부 19학번

Q01 고교 동아리 활동을 하면서 중점을 둔 것은 무엇인가요?

주체적으로 활동할 수 있는가.

고등학교에 입학하면 아마 선배들이 동아리 홍보를 열심히 할 텐데, 아무리 활동이 좋더라도 주체적으로 활동할 수 없고, 이미 짜여진 커리큘럼을 따라가기만 하는 동아리는 선택하지 않았다.

1학년 - 토론 동아리를 들어간 이유도, 토론 주제를 직접 정할 수 있기 때문이었고 수학 동아리에 들어간 이유도, 큰 틀은 정해져 있지만 세부사항은 함께 정해 나가자고 한 이유 때문이었다.

2학년 - 동아리를 직접 만들어 활동하고자 하였다. 만들고 싶은 앱을 만들었고, 주제를 직접 정해서 탐구했고, 탐구하는 모든 방법을 부원들과 함께 합의하여 정했고, 누군가의 강압이 아닌 모든 활동을 학생 주체적으로 할 수 있게 하고자 노력했다.

3학년 - 사실 동아리 활동을 열심히 하기에는 무리가 있는 학년이기 때문에, 원래 하던 동아리의 활동을 자문해 주는 선배 정도로 남았고, 대신 같은 학년에 진로 희망이 유사한 친구들을 모아 자율 동아리를 만들었다. 2학년 학생들과 함께 하는 멘토 멘티 동아리와, 프로그래밍을 배우는 동아리 등. 이것들도 모두 직접 활동을 정하고 계획을 짤 수 있는 동아리였다.

정리하자면, 선생님들이나 선배들의 일방적인 지도가 아닌, 학생들끼리 의견을 활발히 내고 정하고자 했고 모든 동아리 활동에 있어서 결과를 내려고 했다.

Q02 고3 여름 방학 활용에 대해 조언한다면?

〈수시 준비〉 - 자소서 소재 최대한 많이 뽑아내고, 틀 짜 놓기

자기소개서 마감이 보통 9~10월쯤 되는데, 9평도 준비하고 하다 보면 생각보다 자기소개서 작성에 쓸 수 있는 시간이 많지 않다. 따라서 여름 방학 때 생기부를 최대한 꼼꼼히 읽어 보며 자기소개서에 사용할 소재를 정해야 한다. 세부 능력 특기 사항이나 진로, 자율 등에 적혀 있는 짧은 한 줄이라도 사용할 수 있기 때문에 그런 것들을 놓치지 않고 살펴보는 노력이 필요하다. 적어도 하루 이틀 정도는 날을 잡고 생기부를 정독하자.

또한, 보통 자소서에 들어가는 소재가 1번 2개, 2번 3개, 3번2개, 4번 2~3개이기 때문에 10개 정도 찾아야 한다고 보면 되는데, 어떤 소재는 쓸 내용이 생각보다 없는 경우도 있고, 한 줄짜리 소재여도 생각보다 쓸 내용이 많기도 하기 때문에 10개를 찾는다기보다는 15개 정도는 찾아 놓아야 한다. 찾다 보면 소재가 부족하기도 한데, 어떻게든 만들어 내야 한다.

〈정시 준비〉 - 부족한 과목에 집중 + 나머지 과목은 개념 안 잊어버리려고 노력하기

수시와 정시를 함께 준비하려면 수능 직전 한 달은 자소서에 집중하느라 정시 준비하기 힘들다고 생각하면 된다. 따라서 비교적 시간이 많은 여름 방학때 부족한 과목 성적을 올리려고 노력하자. 그 과목을 제외하고 다른 과목들은 일주일에 두 번 정도 모의고사를 풀어 보는 등 감각을 잃지 않는 것으로 충분하다. 하지만 만약 부족한 과목이 없거나, 너무 많다면 우선순위를 정해 공부하자. 나 같은 경우에는 수학이 부족했기에 하루에 6~7시간 이상은 수학에 투자하고, 나머지 중에 1시간은 생기부를 살펴보며 소재를 찾았고, 주 2회 정도는 수능 시간표에 맞추어 모든 과목 모의고사를 풀어 보는 형식으로 시간을 사용했다.

Q03 본인만의 공부법이 있다면?

위에서 언급했듯 취약 과목이 수학이었는데, 좀 뻔할 수 있지만 답지 안 보고 혼자 풀어 내는 것이 큰 도움이 되었다. 또는, 모르는 문제가 생길 때 최대한 오래 고민하고, 어떤 개념이 들어갈지 고민하였으며 2시간을 고민해도 모르겠을 때는 답지를 모두 보는 게 아니라 딱 한 줄을 보고 실마리를 찾아가려 했다.

무엇보다 중요한 것은 풀리지 않는다고 그 과목을 미워하면 안 된다. 언젠간 잘 할 수 있다는 굳은 믿음을 가져야 한다. 나의 경우 의식적으로라도 재밌다고 생각하면서 공부했던 것 같다.

수학 성적이 너무 안 나와서 힘들었는데, 여름 방학 정도부터는 수학이 너무 재밌었고, 문제가 안 풀려서 4시간 5시간 고민해서 실마리 하나 찾아내는 것이 즐거워지기도 했다.

너무 흥미를 잃고 힘들 때에는 가끔 굉장히 쉬운 문제를 풀어서 다 맞는 것을 확인하며 자신감을 키우는 것도 필요하다. 물론 평소에는 다 맞을 정도의 문제집은 푸는 것이 의미가 없지만, 자신감이 떨어지고 힘들 때에는 한 번쯤 시도해 보는 것도 나쁘지 않다.

Q04 학교생활 중 수시 준비 과정에서 나만의 전략은?

진로를 일찍(초등학생 때) 결정했기 때문에 진로를 결정하기 위해 흔들린 시간이 적었다는 것이 첫 번째 전략이고, 두 번째 전략은 한 과목에 대한 활동이나 공부만 한 것이 아니라 여러 과목의 활동을 연계해서 한다든가, 진로와 관련 없어 보이는 활동도 열심히 한다든가, 지역 연계, 부스 운영 등 다양한 분야에 걸쳐서 활동한 것이라고 생각한다.

1) 진로를 일찍 결정했고, 그에 대한 활동을 꾸준히 해 왔기 때문에 생기부 자율이나 진로 부분에는 항상 그 분야에 내가 얼마나 관심 있는지, 얼마나 일관적으로 관심이 있으며 또한 그 진로가 어떻게 구체화됐는지를 표현할 수 있었다. 진로 희망 칸을 살펴보더라도 진로를 선택한 이유, 구체화된 이유 등을 명확히 썼다.

그렇다고 진로가 꼭 일관적이여야 하는 것은 아니고, 진로가 바뀐 이유를 명확히 설명하며 그 근거 활동이 생기부에 적혀 있다면 긍정적인 요인이 될 것이다.

2) 1점대의 내신을 받는 많은 학생들의 생기부는 공부, 학습과 관련된 내용이 대부분일 것이라고 생각하여 조금은 다른 생기부를 만들어 보고

자 했다. 지역 연계 활동을 직접 제안하고 실행한다든가, 야구나 농구를 보러 다닌다든가, 책상에 앉아서 공부하지 않고 직접 만들어 본다든가, 부스 운영을 주체적으로 진행하는 등의 활동이 플러스 요인이 됐을 것이라고 생각한다.

자기소개서 4번에, 인생의 절반 이상을 꿈꿔온 학과라는 말을 덧붙이며 흥미와 열정을 더욱 더 어필한 것이 효과가 있었던 것 같다.

Q05 효율적인 공부를 위한 시간 관리 노하우가 있다면?

잠도 많고, 드라마 보는 것도 좋아하고, 야구 보는 것도 좋아하고, 연예인도 많이 좋아해서 시간을 허투루 쓰는 편이었다. 처음에는 시간 단위로 계획을 세웠는데, 그러면 책을 펴 놓고 눈으로는 야구를 보고 있는 자신을 발견하게 되었다. 그래서, 내가 쉽게 할 수 있는 것보다 조금 더 많은 분량의 계획을, 시간이 아니라 분량 단위로 세우기 시작했다. 예를 들자면 수학 모의고사 1개 풀고 오답 노트 하기, 물리 문제집 1~2단원 풀기, 영어 단어 100개 외우기 등 이다. 특정 시간(나의 경우 10시 30분) 이후에 세운 계획을 다 달성한다면 그 날은 방에 들어가서 야구 하이라이트를 보거나, 잠을 자거나, 연예인 영상을 본다든가 하는 포상을 주었다. 그렇게 하면 빨리 쉬기 위해서, 또는 하고 싶은 일을 하기 위해서 주어진 시간을 더욱 열심히 사용하게 되었다.

수업 시간에 선생님께서 주시는 자습 시간이나, 점심 저녁을 먹고 남는 시간 등에 졸리거나 친구들이 자더라도 밤에 하고 싶은 것을 하겠다는 일념 하나로 그 시간들을 요긴하게 사용하려고 노력했다.

오래 공부한다고 많이 공부하는 것이라는 착각은 빨리 버리고, 책상에 앉아 있는 시간보다는 객관적으로 하는 양이 더욱 중요하다는 것을 깨달아야 한다. 집중하지 않고 10시간 공부하는 것보다는, 집중하여 5시간 공부하고, 2시간 놀고 다시 3시간 공부하는 것이 훨씬 도움이 된다는 것을 말해 주고 싶다.

또한, 플래너를 쓰다 보면 계획을 달성하고 형광펜으로 긋는 게 기분이 좋아서 더욱 열심히 하게 되고, 텐미닛을 쓰게 되면 10분은 채우고 색칠하고 싶어서 5분은 공부를 더 하게 되는 부수적인 효과도 있었다.

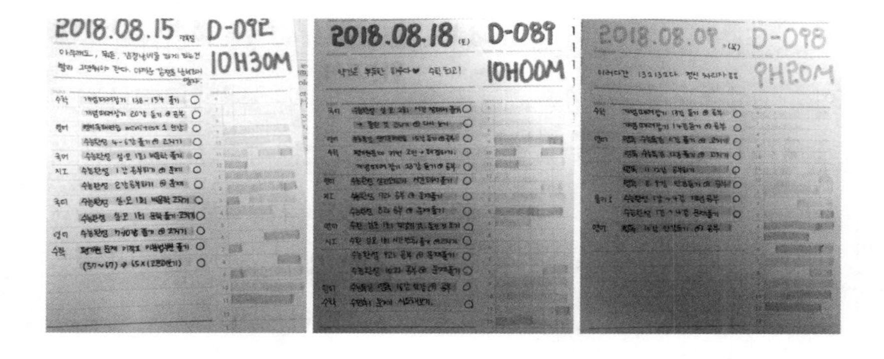

Q06 수능 전(한 달 전, 혹은 일주일, 당일) 컨디션 관리는 어떻게 했는지?

한 달 전부터는 토요일에는 수능 시간표대로 공부하고(국어 시간에 국어 공부 등), 일요일에는 늦잠도 조금 자고, 쉬려고 했다. 평일에는 학교를 가야 하기 때문에 수능 시간표를 지킬 수 없었으므로 적어도 수능이 진행되는 그 시간에는 자지 않으려고 노력했다. 또한, 11시 30분~12시

30분에는 잠들고 6시 30분에는 기상하려고 노력하며 생체 리듬을 맞춰 주려고 했다. 수능은 8시 40분에 시작되기 때문에 그 전 두 시간 전에는 일어나서 머리를 깨워 둬야 한다는 것을 잊으면 안 된다.

원래 아침을 잘 안 먹었는데 수능 때는 아침을 먹어야 할 것 같아서 한 달 전부터는 아침 먹는 연습도 했다. 여자 같은 경우에는 시기가 겹칠 수 있으니 시기를 잘 따져 보고 약을 먹어 미루는 것을 추천한다. 또한, 수능 때 어떨지 모르므로 청심환도 먹어 보고, 최대한 많은 변수를 고려해 보아야 한다.

일주일 전부터는 신체적인 관리보다는 멘탈 관리를 더욱 열심히 했다. 하루에 10~20분 정도는 잘 볼 것이라고 스스로를 다독였고, 이 때부터는 어려운 문제를 많이 푼다기보다는 그 전에 풀어 본 문제들을 다시 풀어 보며 개념을 다시 확인하고, 많이 틀리지 않으며 자신감을 회복하려고 노력했다.

수능 전날에는 너무 일찍 자려고 누워도 잠이 안 올 것이라고 확신했기 때문에, 그 전에 최대한 국어 모의고사 하나, 수학 기출 하나, 영어 단어 몇 개, 물리, 지구과학 개념 다시 보고 모의고사 풀고, 한국사 다시 보기 등 머리를 조금 혹사시키고 열한 시 반에는 졸리게 만들었다. 그래서 11시 30분에는 잠들 수 있었고, 다음날은 6시쯤 일어나서 씻어서 잠 깨고, 아침 먹고 긴장을 풀려고 했다.

또한, 수능장에는 최대한 일찍 가는 것이 멘탈에 좋다. 시험장에 2등 정도로 도착했었는데, 그러면 누가 들어올 때 마치 본인 집에 손님을 맞이하는 것처럼 느껴져서 마음이 점점 편해진다. 시험장 앞에 담임 선생님과 후배들이 있었는데 응원하는 게 좀 창피하고 웃겨서 긴장이 많이 풀어지기도 했다.

국어가 많이 어려웠지만, 내가 어려우면 남들도 다 어려울 것이라고 생각해서 남들보다는 조금 덜 긴장할 수 있었던 것이 다행이었던 것 같다.

평소 수능 성적과 비슷하거나 높은 학교에 수시를 써 놨기 때문에 수능은 잘 보면 너무 좋지만 못 봐도 괜찮다는 생각을 가지고 보아 더 잘 볼 수 있었다.

Q07 학교생활 중 교과 외에 가장 중점을 둔 활동은?

동아리 활동과 학교에서 중요하게 밀어 주는 대회, 선생님들께서 내 주시는 수행 평가 등. 수행 평가는 교과라고 생각할 수 있지만 성적에 들어가는 것 이외에도, 세부 능력 특기 사항에 적히는 활동들이 중요하다고 생각해서 발표나 보고서 수행 평가는 더욱 열심히 하려고 노력했다. 선생님들께서 열심히 하는 모습을 좋게 봐주시기도 하고 발표나 보고서는 대학에서도 쓰이기 때문에 미리 준비한다는 생각으로 중요하게 생각했다.

동아리 활동은 위에도 언급한 것처럼 주도적으로 활동했다는 것을 보여 줄 수 있는 기회였기 때문에 최대한 주체적으로, 구체적으로, 체계적으로 활동했다.

학교에서 진행되는 경시 대회가 몇 개 있었는데, 그런 것들을 선생님들께서 내신 시험에서 조금 실수했더라도 경 시대회에서 수상하면 좋게 봐주시고, 더욱 많은 활동을 알려 주시기 때문에 열심히 한 것도 있고, 모의고사나 내신에서 조금 낮은 점수를 받았더라도 자신감을 올릴 수 있었기 때문에 열심히 했다. 또한 학교에서 학술제를 조금 크게 열었는데, 이 때 자문 위원으로 실제 교수님들이 방문하실 정도로 꽤나 큰 행사였다. 따라서 이를 위해 소논문을 작성하고 발표하는 BOP 활동도 열심히 했다.

학교생활 동안에 몇 번 진행했던 부스 운영이나 지역 연계 프로그램 또한, 공부만 한 것이 아니라는 것을 보여 주고 싶어서 열심히 활동했다.

사실 너무 많은 활동을 했고, 딱히 한 가지만 고를 수 없어서 여러 개 쓰게 되었다. ^^

Q08 본인만의 공부법이 있다면?

국어나 영어 같은 경우에는 딱히 어떤 방법을 가지고 공부하지 않았고, 수학은 위에 적었기 때문에 암기 과목이나 과학 과목에 대한 이야기를 해 보겠다.

먼저, 내신을 위한 공부의 경우에는 학교에서 수업 시간에 교과서에 필기를 하고, 그날그날 하교 후에 (혹은 야자 시간에) 한 시간~한 시간 반 정도를 투자하여 그 날 배운 내용들을 정리했다. 밀리지만 않는다면 생각보다 시간이 그렇게 오래 걸리진 않았고, 기억에 가장 잘 남았기 때문에 매일매일 내용을 다시 복기했다. 또한 모든 내용이 다 쓰여 있는 노트 말고, 각 과목의 소단원의 제목만 적혀 있는 노트를 따로 만들었다.

시험 기간에 소단원의 제목만 따로 적혀 있는 노트를 보며 그 제목에 해당하는 내용을 적어 보고, 틀리거나 빠진 내용을 빨간색으로 보충하며 공부했다. 손으로 쓰고 공부하는 것보다는 노트북 한글 파일을 켜서 활용한 적이 더 많다. 그렇게 하면 파일로 저장하기도 쉽고, 프린트 해서 다시 보기도 편했으며 중간 중간 빈칸으로 뚫어서 내용을 확인하기도 편했다.

정리하자면

1) 그날 배운 내용은 그날 정리하기
2) 소제목만 쓰여 있는 파일(노트)를 만들어서 내용 복습하기(백지 복습)
3) 노트북 한글 파일에 내용을 정리, 백지 복습, 빈칸 뚫어서 내용 확인하기

Q09 면접은 어떻게 보았나요?

(1) 면접 준비 방법과 면접 노하우는?

평소에도 발표하는 것을 좋아하고, 말하는 것에는 조금 자신이 있었기 때문에 말하는 발음이나 말투, 평소에 다리를 떨거나 손을 만지는 습관을 고치는 것에 중점을 두었다. 면접 학원을 다니고 전문적인 자문을 받는 것도 좋겠지만, 선생님이나 심지어 그냥 친구들에게 예상 질문을 뽑아서 질문하고 답변하며 습관을 찾고 고치고, 말하는 톤이나 속도를 수정하는 것을 가장 중요하게 생각한다. 또한 자기소개서 쓸 때 꼼꼼히 읽어 둔 생기부의 내용 중 지나칠 만한 한 줄이라도 내용을 다시 정리하고, 틈틈이 읽으며 내용을 외웠다.

가장 열심히 했던 것은 독서에 적힌 책들에 대한 내용을 정리하고 확인했던 것이다. 생기부에 아무리 좋은 말이 써 있고 자소서를 아무리 잘 써도 그 내용들을 잊어버려 대답을 제대로 못 한다면 거짓말이 되는 것이기 때문에 생기부 내용을 제대로 숙지하는 것이 가장 중요하다.

(2) 면접 방식

학생 1, 면접관 3의 방식으로 진행되었다. 1차는 제시문, 2차는 생기부 기반 면접을 진행했는데 제시문 면접의 경우에는 쉬운 그래프를 분석하고, 이에 대한 추가 질문 몇 가지를 답하는 방식이었고 생기부 기반 면접은 생기부와 자소서에 대한 질문에 대하여 답하는 방식이었다.

(3) 면접 문항과 답변

〈제시문 면접〉

문제 1

면접관: **왼쪽 그래프는 동질성이 높아질수록 반대 의견이 적어진다. 이유가 무엇인가?**

A. 동질성이 높아질수록 의견이 유사해지기 때문이라고 생각한다.

면접관: **오른쪽 그래프는 동질성이 낮아 반대 의견이 너무 많을 경우에는 달성도가 낮고 동질성이 높고 반대 의견이 적을수록 달성도가 높지만, 오히려 동질성이 너무 높아 반대 의견이 하나도 없는 경우에는 달성도가 낮아진다. 이유가 무엇인가?**

A. 의견이 유사하기 때문에 다른 관점에서 생각을 하지 못하는 것이 원인이라고 생각한다.

문제 2

면접관: **이것을 학교 조별 과제 조편성에 활용한다면?**

A. 조를 편성할 때에 특성을 충분히 조사하여 동질성이 높지만, 모든 특성이 같지 않게 조를 편성해야 한다고 생각한다.

A. 학교에서 조별 과제를 할 때에도 너무 친한 친구들끼리 조를 편성하면 다른 의견을 내지 않고 받아들여 성과가 낮은 경우를 많이 겪어 보았다.

추가 질문

면접관: **친한 친구들끼리 조를 했을 때 그런 문제를 어떻게 해결할 것인가?**

A. 사적인 일로 친한 것이고, 조별 과제는 공적인 일이기 때문에 공과 사를 구별하고, 친한 친구들이 내는 의견이라도 비판적으로 받아들이는 자세가 필요하다고 생각한다.

면접관: **어떻게 하면 더 좋은 성과를 낼 수 있는가?**

A. 성과를 좋게 내는 팀에게 충분한 보상을 부여한다면 비판적으로 많은 의견을 내려고 노력할 것이다.

면접관: **본인이 회사 사장이라면 각 부서에 어떤 방법으로 성과를 높이겠는가?**

A. 아까 말한대로 성과를 좋게 내는 부서에 성과금을 부여하면 가능할 것이다.

면접관: **물론 그것도 방법 중 하나겠지만 동질성의 측면에서 얘기한다면?**

A. 부서를 편성할 때에 사원들의 성별, 종교 등의 특성을 파악하여 어

느 정도 동질성 있는 부원들로 편성한다면, 성과가 높아지지 않을까 생각한다.

면접관: **이미 짜여진 부서가 동질성이 너무 높은 그룹이라면 어떻게 해결하겠는가?**

A. 다른 부서에서 한두 명을 데려와서 동질성을 조금 떨어뜨려 준다면 효율적이고, 성과를 높이 낼 수 있을 것이다.

면접관: **같이 있으면 시간이 지날수록 동질성이 높아지지 않을까?**

A. 어느 정도는 그럴 수 있지만, 고유한 특성은 바뀌지 않을 것이다.

면접관: **그럼 그 특성은 어떻게 형성되는가?**

A. 환경적인 요인이 크긴 할 것이다. 그러나 직장생활이나 조별 과제를 할 때 모여 있는 것 보다는, 가족적인 환경이나 중, 고등학교 때 같이 다니던 친구들의 영향도 있다고 생각한다.

면접관: **마지막으로 하고 싶은 말은?**

A. 연세대학교에 오고 싶은 이유 말씀드려도 되겠습니까?

세상을 바꾸는 시간 15분이라는 프로를 즐겨 보는데, 연세대학교 전기전자 공학부 교수님의 강의가 정말 감명 깊어서 연세대학교에 오고 싶어졌습니다. 연세대에 정말 오고 싶어서 면접형이랑 활동우수형 두 가지 전형으로 지원했을 정도입니다. 연세대학교에 올 수 있게 뽑아 주신다면 저도, 면접관도, 누구에게도 후회가 되지 않도록 열심히 하겠습니다. 감사합니다.

면접관: **네, 수고하셨습니다.**

A. 감사합니다.

〈생기부 면접〉

면접관: **자소서 보니까 활동 많이 했는데, 멘토 멘티 프로그램을 공부방으로 확대한 것인가?**

A. 저희 학교에 멘토 멘티 프로그램이 잘 구축되어 있어서 학급 내에서 또는 선, 후배간 멘토 멘티가 활발했다. 이에 도움 받은 적 많았다. 그래서 이를 지역 사회로 연계하면 어떨까? 해서 프로그램에 공모해서 뽑혀서 실제로 운영하게 되었다. 지역 초, 중학생 아이들과 고등학생 아이들이 멘토-멘티를 맺어서 멘티들이 고등학교에 직접 찾아와 하는 공부방 프로그램을 진행한 적이 있다.

면접관: **보로노이 다이어그램으로 뭘 했는데 그게 무엇인지?**

A. 보로노이 다이어그램은 공간을 가장 효율적으로 나눌 수 있는 다이어그램이다. 두 점을 잇고, 그 선을 수직 이등분하는 선들을 그어 그 선들이 만나는 점을 이어 주면 그것이 보로노이 다이어그램이며, 공간을 가장 효율적으로 나눌 수 있다.

면접관: **그래서 그걸로 뭘 한 건지?**

A. 지역 경찰서 관할 구역을 더욱 효율적으로 나눠 보고자 했다. 그저 넓이만을 고려해서는 안 된다고 판단했고, 그 지역의 인구 수, 범죄 수, 경찰력을 조사하고 이를 이용 가능한 수치를 내고 가중치를 두었다. 이 가중치를 바탕으로 비율을 따져서 보로노이 다이어그램을 작도하여 공간을 분배하였다.

면접관: **그 결과를 지역에 제출했는지?**

A. 교내 학술제에서 결과를 발표하여 좋은 결과를 냈고, 경찰에 제출하지는 못했지만 고등학생들의 힘으로 더욱 효율적으로 분배했다는 것 자체로 뿌듯함을 느꼈다.

면접관: **와이파이의 위험성으로 프로그램 했는데 어떤 프로그램인가?**

A. 난수 추출로 10자리 숫자, 혹은 영어 1자리, 2자리를 섞은 비밀번호를 무작위로 추출한 뒤, 000000000부터 999999999까지 1씩 증가시켜 가며 대입하는 방식의 프로그램을 짠 적이 있다.

면접관: **몇 명이서 한 활동했는지?**

A. 약 13명 정도가 함께했다.

면접관: **그럼 어떻게 역할 분배를 했는지?**

A. 프로그래밍을 할 수 있는 친구가 5명 정도라 그 친구들끼리 프로그램을 짰다. 다른 친구들은 다른 분야에서 도움을 주었다.

면접관: **그 다섯 명끼리는 어떻게 분배했는지, 프로그램을 짜는 스타일이 달랐을 텐데?**

A. 프로그램을 짜는 스타일이 정해져 있는 만큼 깊게 아는 친구는 많지 않았고, 반복문, 조건문 정도만 아는 친구들이었음. 본인들이 가지고 있는 지식을 총동원하였고, 누군가가 코드를 짜다가 모르는 부분을 도와주는 방식으로 진행했다.

면접관: **브레드보드를 가지고 어떤 활동을 했나?**

A. 교과 시간에 반도체에 대한 기본적인 내용을 배웠고, 이를 이론적으로 배우기보다는 직접 회로를 구현해서 보여 주고 싶다는 생각을 했다. 전자꽃 회로 옆에 증폭 회로를 달아 옆에서는 소리가 나고, 다른 쪽에서는 LED 두 개가 깜빡이는 회로와 쌍안적 멀티 바이브레이터 회로를 구현하여 이를 친구들에게 보여 주는 발표를 진행했다.

면접관: **책 중에 《크라바트》라는 책을 읽었는데, 책에 대해 설명할 수 있나?**

A. 마법사가 운영하는 밀가루를 만드는 곳 이야기다. 어떤 초~중학생 나이 정도 되는 어린 아이가 그곳에 들어가며 생기는 이야기를 담고 있다. 3년 정도가 지나 마법을 잘하게 되자 가장 높은 마법사가… 아! 그 전에 그곳이 계속 운영되기 위해서는 1년에 한 명의 제자가 죽어야 되는 것으로 기억한다. 그래서 그 마법사가 아이에게 이곳을 운영하며 계속 1년에 한 명을 죽이겠는가, 혹은 테스트를 통과하여 마법의 힘을 잃고 일반인으로 살겠는가. 라는 질문에 일반인으로 살겠다고 대답했고, 테스트를 통과하여 일반인으로 살게 되는 것으로 끝난다. (느낀 점 얘기하려고 했는데)

면접관: **시간이 다 되어서. 잘 들었습니다.**

A. 네, 감사합니다.

(4) 면접 후 아쉬운 점이나 후배에게 전하고 싶은 면접 팁이 있다면?

제시문 면접 때 뒤에 생각해 보니 앞뒤가 조금 안 맞는 말이 있던 것 같아서 아쉬웠다. 면접을 하기 전에, 면접관들이 지금은 면접관들이지만 이 대학에서 떨어지면 그냥 오며 가며 마주치는 옆집 아저씨, 학교에 계시는 선생님 그 이상도 이하도 아니라는 것을 생각해야 한다.

최대한 또랑또랑한 목소리로 대답하는 것이 좋다. 면접관이 여러 명 계시다면 한 분 정도는 아마 고의로 제대로 듣지도 않으시고, 비웃으시는 등 압박 면접을 진행할 수도 있다. 그러나 그런 분들과도 눈을 마주치고, 최대한 밝은 얼굴로 대답하는 것이 중요하다. 질문한 면접관만 바라보는 것이 아니라 모든 면접관을 바라보며 대답해야 한다.

떨리는 것이 당연하다. 중간에 대답이 생각 안 날 수도 있고, 눈물이 날 수도 있다. 그럴 때에는 생각할 시간을 달라고 하거나 잠깐만 시간을 달라고 당당하게 요청한다면 다들 이해해 주실 것이다. 크게 걱정하지 말고 자신감을 가지는 것이 가장 중요하다.

Q10 본인이 합격한 가장 중요한 요인은 무엇이라고 생각하나요?

1) 진로를 일찍 결정하고 그에 대한 열정과 흥미가 생기부 여기저기, 자소서에서 잘 보인 점.
2) 공부만 한 학생이나 본인만 생각하는 사람이 아니라 지역 연계에도 관심이 있고, 멘토 멘티 등을 통해 다른 학생들을 도와주는 일, 또한 부실장을 두 번 하고 선행상을 몇 번 받은 적이 있던 것이 좋게 보였을 것이다.

Q11 마지막으로 선배로서 후배들에게 꼭 해 주고 싶은 조언이 있다면?

생기부는 본인이 아니라 선생님들께서 써 주시는 것이기 때문에 선생님들과 불필요한 갈등은 겪지 않는 것이 좋다. 아부를 하라는 것이 아니라, 최소한의 예의를 지키라는 이야기다. 적어도 선생님들이 앞에서 수업하고 계실 때 대놓고 자지 않기, 선생님들께서 하라고 한 수행 평가를 아예 미제출 하거나, 성의가 없는 제출을 하지 않기 등, 가장 최소한이지만 막상 지키려면 쉽지 않은 것들을 한다면 좋게 봐 주실 것이고, 그렇다면 생기부에 한 줄이라도 더 적힐 것이고, 추천서가 조금 더 풍성해질 것이다.

본인 같은 경우에도 수업 시간에 거의 한 번도 잔 적이 없고, 그래서 교무실에 가면 나에 대한 평판은 '수업 시간에 한 번도 안 자고 열심히 집중하며, 열심히 활동하는 친구'일 때가 많았다. 사람이기 때문에 가끔은 실수도 하고, 졸기도 하지만 평소에 이미지를 좋게 만들어 둔다면 남들보다는 좀 더 이해 받고, 넘어가 주실 때가 많을 것이다.

또한 본인이 했던 활동을 선생님에게 최대한 많이 어필해야 한다. 혼자 아무리 열심히 공부하고, 노력하더라도 선생님들께서 모르시면 소용이 없기 때문에 이런 활동도 했다는 것을 어필하고, 발표하고, 질문하는 것이 정말 중요하다.

학원을 다니는 것도 좋고, 과외를 하는 것도 좋지만 학원 숙제나 과외 숙제 때문에 학교생활을 제대로 못하는 것은 올바르지 않다. 학교생활을 최대한 열심히 하라고 이야기하고 싶다.

또한, 수시에 치중하더라도 끝까지 정시를 놓지 않았으면 좋겠다. 수시는 정말 붙을 것 같은 것이 떨어지고, 떨어질 것 같다가도 합격하는 전형이기 때문에, 정시를 버린다면 수시는 점점 아래를 바라보고 하향을 쓰는 일이 발생한다. 따라서 정시를 끝까지 놓지 않고 적어도 정시 등급보다는 높은 학교를 수시에서 쓰는 것을 추천한다.

대학을 떨어지면 정말 어쩌지,라는 생각에 본인 실력보다 훨씬 하향인 대학교를 쓰는 친구들을 많이 봤는데, 본인의 실력을 정확히 숙지하고 너무 높지도, 낮지도 않은 대학들을 잘 찾아서 꼭 목표하는 대학에 입학하길 바란다.

03. 교육계열 고려대 교육학과 19학번

Q01 고교 동아리 활동을 하면서 중점을 둔 것은 무엇인가요?

가장 중점을 두었던 부분은 '진로(학과)와의 연관성'이다. '교육학과'에 진학해야겠다는 다짐을 1학년 때부터 가졌는데 활동에 있어서 내용 선택권이 있을 때면 최대한 '교육'의 측면에서 고민하고자 했다. 정규 동아리였던 영자 매거진부 기사를 작성할 때도 '교육'이라는 대주제하에서 주제를 선택했다. 자율 동아리의 경우도 교육학의 분과 학문인 '교육심리학', '교육철학'과의 연관을 생각하며 심리, 철학 동아리에서 활동하였다. 특히 학술 동아리(진로학술 심화반)는 가장 직접적으로 진로와 연관되며, 비슷한 진로를 가진 친구들과 함께하여 가장 깊이 있는 탐구를 진행할 수 있었다.

Q02 고3 여름 방학 활용에 대해 조언한다면?

고3 여름 방학은 자기소개서 작성과 수능 공부로 활용했다. 보통 아침 7시에 기상하여 8시 30분~9시 즈음부터 공부를 시작하고, 식사 시간을 제외하고 저녁 8~9시까지는 수능 공부에 매진했다. 그리고 저녁 9시부터 11시 정도까지 하루에 약 1~2시간 정도를 자기소개서 작성에 활용했다.

수시를 준비하는 학생이더라도 여름 방학 때 수능 공부를 멈추지 않을 것을 강조하고 싶다. 이유는 첫 번째로 자기소개서를 하루 종일 붙잡고 있다고 해서 더 좋은 글이 나오지는 않는다. 일정한 시간을 자기소개서 작성 시간으로 정해 두고 그 시간 동안 집중해서 충분히 고민하고, 부족한 부분은 다음 날 고민하는 것이 오히려 효율적일 수 있다. 둘째, 여름 방학이 끝나면 정말 수능 공부에만 제대로 집중할 수 있는 시간이 많지 않다. 2학기가 개학하면 곧 지원서를 넣을 시기가 다가오고, 여름 방학 때 아무리 자기소개서를 써 두었다고 해도 수정에 수정을 거듭하게 된다. 경험상 학교 분위기도 수시 지원과 관련하여 어수선하기 때문에 온전히 수능 공부에 집중하기에는 조금 어려움이 있었다. 수시 지원이 끝나면 1차 합격한 학교에 한해서 면접 준비를 해야 할 수도 있는데, 면접까지 끝나면 수능이 정말 코앞으로 다가와 있을 것이다.

Q03 본인만의 공부법이 있다면?

나만의 공부법은 '답지를 보지 않고 스스로 고민하는 것'이다. 고등학교에 입학한 후 맞닥뜨린 이전과 다른 차원의 고난이도 문제들은 단순히 선생님의 설명을 한 번 듣는 것, 풀이 과정을 읽어 보는 것으로 해결되지 않음을 깨달았다. 실전 상황에서 고난이도 문제들을 해결하기 위해서는 바로 정답으로 가는 길을 안내받는 방식의 공부가 아니라 '다양한 방법으로의 접근과 시행착오'를 수도 없이 '스스로 연습'하는 과정이 필요하다고 생각하였다. 이를 위해 어려운 문제를 맞닥뜨렸을 때 '고민하는 힘'을 기르는 방법으로, '답지를 바로 보지 않는 것'을 나 자신과의 약속으로 삼았다. 답지를 바로 보는 것은 문제와의 싸움에서 지는 것이라고 생각했다. 한 문제를 1-2시간 동안 고민한 적도 있고, 그 날 풀지 못하면 다음 날에 다시 보고, 그 다음 날 또 다시 봤다. 나 스스로 충분히 고민했다는 생각이 들면, 그때 답지를 봤다. 그리고 나의 사고 과정과 답지의 사고 과정을 비교하고 앞으로는 어떻게 해야 할지를 다시 고민했다. 이러한 나의 학습 방법은 실전 상황에서 고난이도 문제를 여러 측면에서 생각해 보고 문제 풀이의 실마리를 찾는 데 큰 도움을 주었다. 또한, 이런 방식은 나의 자기 주도적인 학습관에 힘을 더 실어 주었다.

내신 암기 과목 공부에 있어서는 선생님이 지정해 주신 교과서를 반복해서 공부했다. 말로 혼자 설명하면서 공부하기도 하고, 빈 종이에 쓰면서 공부하기도 했다. 방법이 무엇이든 같은 교재를 여러 번 반복해서 공부하는 것이 많은 도움이 되었다. 한 권의 책만 반복해서 보는 것은 내용의 흐름을 이해하는 데도 도움이 되었고, 다시 볼 때마다 새로운 부분을 발견하기도 했다. 그리고 암기 능력이 뛰어난 편이 아니지만, 반복하는 과정에서 나도 모르게 사소한 것까지 암기가 되었다. 실제로 시험을 칠 때, 구체적으로 기억이 나지 않는 내용이 있더라도 해당 내용이 어느 부분에 어떤 내용과 함께 나왔는지 기억이 나서 문맥상 유추함으로써 문제를 훨씬 쉽게 푸는 게 가능했다.

Q04 후배에게 추천해 주고 싶은 책이 있다면?

본인의 진로, 탐구 과정에 따라 의미 있는 책은 정말 다양할 수 있다. 따라서 수시를 준비하는 과정에서 책은 도구에 불과하고, 그 책에 담긴 자신만의 스토리가 더욱 중요하다는 것을 강조하고 싶다. 어떤 책을 읽었는지와 무관하게 책을 읽고 생각의 전환이 일어나거나, 어떠한 주제에 대해 고민한다면 그 자체로 의미 있다. 책은 어떠한 고민을 유발할 수도, 해결해 줄 수도 있으니 탐구의 과정에 있어 자유롭게 활용할 수 있으면 좋겠다.

나의 경험에 비추어 봤을 때 나에게 가장 의미 있었던 책으로 《오래된 미래》(헬레나 노르베리 호지)와 《Deschooling Society》(Ivan illich)를 꼽을 수 있을 것 같다. 《오래된 미래》는 3학년 영어 시간에 다 같이 읽은 책이었는데, 라다크 사회에 서구화된 학교 제도가 도입된 이후 협력, 존중과 같은 가치가 사라졌다는 내용에 충격을 받았다. 그동안 당연한 것으로 여겼던 학교 제도의 부정적인 측면에 주목하여 이러한 논지를 강화하는 책을 읽고 싶었고, 그 《Deschooling Society》라는 도서를 찾았다. 이를 통해 '교육'이라는 목표를 달성하기 위해 '학교'라는 제도가 필요한 것인지 고민하는 계기가 되었다.

이와 무관하게 교육학과 진학을 꿈꾸는 후배에게 《에밀》(루소), 《민주주의와 교육》(존 듀이), 《무엇을 가르칠 것인가》(스펜서) 등과 같은 교육학 고전을 추천하고 싶다. 이러한 책을 읽으면서 '왜 옛날에 작성된 책들이 여전히 고전으로 평가받는 것인지' 고민하는 과정은 교육에 대한 탐구를 심화하는 데 도움이 될 것 같다. 또한 교육학과에 진학해서 배우게 될 내용을 간략하게 접해 볼 수 있다는 점에서도 추천한다.

Q05 효율적인 공부를 위한 시간 관리 노하우가 있다면?

시간 관리에 있어서 '주어진 자습 시간에 집중하여 공부하는 것'을 나와의 약속으로 삼았다. 수험 생활에 있어서 수면 시간을 중요시해서 수면 시간을 뺏으면서 공부하지 않으려고 했다. 왜냐하면 하루라도 수면 시간이 줄어들면 다음 날 수업 시간, 자습 시간에 지장을 줄 것이라고 생각했기 때문이다. 수면 시간을 충분히 확보하기 위해서는 주어진 자습 시간에 최대한 집중하여 공부해야 했다. 기숙사 생활을 하는 평일에 주어진 자습 시간은 오후 5시~6시 30분 그리고 7시 30분~10시였다. 이 시간을 효율적으로 활용하기 위해 스터디플래너를 적극 활용했다. 기숙사에 입소하여 다음날 어떤 시간에 어떤 공부를 할 것인지 계획을 세워 둠으로써 시간 낭비 없이 자습 시간 시작과 동시에 공부를 시작할 수 있었다.

우리 학교는 수행 평가가 정말 많고, 수행 평가를 하는 데 시간 역시 많이 소요되었다. 이를 소화하기 위해서 매주 주말은 수행 평가 준비에 매진하였는데 이렇게 주말에 수행 평가 준비를 모두 마치면 학교에 가서 자습시간에는 수능, 내신 시험 공부에 집중할 수 있었다.

Q06 노트 필기나 개념 정리 노하우가 있다면?

필기를 열심히 하는 편은 아니었다. 필기를 하기보다는 수업 중 선생님 말씀에 더 집중하려고 했다. 다만, 책에 없는 내용에 한해서 필기를 해야 할 필요성을 느꼈는데 필기를 자주 하지 않아, 예쁘게 잘 정리된 형태로 필기하는 많은 친구들과 달리 정리되지 않은 형태로 필기를 하곤 했다. 수업을 들으면서 필기를 할 때면, 급하게 적게 되어 나중에 공부할 때는 글씨체도 알아보기 힘들고, 중구난방으로 파편처럼 내용이 흩어져 있었는데 오히려 이러한 필기를 이해하는 데 초점을 맞추어 공부했다. 필기를 이해하기 위해서는 선생님께서 무슨 말씀을 하셨는지, 어떤 맥락에서 내용이 전개되는 것인지 등 수업의 흐름을 전반적으로 이해하고, 기억할 수 있어야 해서 필기의 구멍을 메우고, 필기를 구체화하는 과정에서 한층 이해를 심화할 수 있었다.

Q07 면접은 어떻게 보았나요?

(1) 면접 준비 방법과 면접 노하우는?

학교 선생님들과 모의 면접을 진행하고, 교내에서 같은 대학 같은 전형을 1차 합격한 친구들과 서로의 답변을 공유하는 형식으로 면접을 준비했다.

(2) 면접 방식

〈고려대학교 학교추천2〉

면접 대기실-제시문 숙지실(24분)-제시문면접실(6분)-생기부 기반 면접실(6분)-퇴실

(3) 면접 문항과 답변

〈제시문면접〉

제시문

(가) 민중들의 의견은 쉽게 바뀐다.

(나) 사회계약론 (사람들이 자신의 권리(재산권 포함)를 보장받기 위해 계약을 통해 국가를 형성함. 국민들은 국가에 저항권을 행사할 수 있음.)

(다) 정부가 좋은 취지로 '보금자리주택사업'을 실시하는데, 주민들이 집값이 떨어지는 것을 우려해 반대함.

(라) 토머스 모어의 견해 (인클로저 운동을 비판적으로 바라봄.)

답변

1번 문제부터 답변하겠습니다. 1번 문제는 제시문 (가)와 (나)의 논지를 비교하고, 각각의 관점에서 제시문 (다)의 상황을 평가(?)하는 것이었습니다. 제시문 (가)와 (나)는 공통적으로 국민들의 의견에 대한 이야기를 다루고 있습니다. 하지만, 각 제시문은 국민들의 의견을 바라보는 관점에서 차이가 드러납니다. 우선 제시문 (가)는 국민들의 의견을 부정적으로 바라봅니다. 국민들의 의견은 쉽게 바뀔 수 있다…(제시문 내용 언급) 등에서 이를 확인할 수 있습니다. 즉 제시문 (가)는 민중의 의견보다는 전문가의 의견을 더욱 중요시해야 한다는 입장을 가집니다. 반면, 제시문 (나)는 국민들의 의견을 긍정적으로 바라봅니다. 국민들은 자신의 권리를 보장받기 위해 국가를 형성하였으며, 국민들은 국가에 저항권을 행사할 수 있다는 점에서 국민들의 의견의 가치를 인정함을 알 수 있습니다. 이를 바탕으로 각각의 관점에서 제시문 (다)의 상황을 평가해 볼 수 있습니다. 우선 제시문 (다)는 '보금자리주택사업'을 둘러싼 정부와 주민들의 갈등을 다루고 있습니다. 제시문 (가)의 관점에서 (다)의 상황을 평가해 보면, 주민들의 반대로 사업이 중지된 상황은 바람직하지 않다고 평가할 수 있습니다. 제시문 (가)는 일관성 없는 주민들의 의견보다는 전문가 집단이 모여 계획한 사업을 추진하는 것이 바람직하다고 할 것입니다. 반면, 제시문 (나)의 관점에서 (다)의 상황을 평가해 보면, 주민들이 사업을 반대하는 상황에서 정부는 사업을 중지하는 것이 바람직하다고 주장할 것입니다. 왜냐하면, 주민들은 자신들의 재산권을 보장받고자 하므로, 주민들의 재산권을 침해할 여지가 있는 사업은 바람직하지 않기 때문입니다.

이어서 2번 문제 답변 드리겠습니다. 2번 문제는 (라)의 토머스 모어의 입장에서 (다)의 밑줄 친 사람들(보금자리주택사업을 반대하는 사람들)에게 해 줄 수 있는 말을 추론해 보는 것이었습니다. 우선 제시문 (라)의 토머스 모어는 빈익빈부익부를 초래한 인클로저 운동을 비판적으로 바라봅니다. (제시문 내용 언급) 이를 통해 토머스 모어는 개인의 이익만을 추구하기보다는 공동체 전체의 이익을 중시함을 알 수 있습니다. 이러한 관점에서 제시문 (다)의 보금자리 주택 사업에 반대하는 사람들에게 조언을 해 준다면, 집값 하락만 걱정하기보다는 보금자리주택사업으로 얻을 수 있는 공동체 전체의 이익을 고려해 보라고 조언할 수 있습니다.

3번 문제 답변하겠습니다. 3번 문제는 (다)의 상황이 나타나게 된 원인과 해결 방안을 제시해 보는 것이었습니다. 우선 (다)와 같은 상황이 나타나게 된 원인은 각자 자신의 이익만을 추구하기 때문입니다. 제시문 (다)의 주민들은 '집값'이라는 자신의 재산권을 보호하기 위하여 정부의 사업에 반대한 것입니다. 이러한 상황을 해결할 수 있는 방안을 개인적 차원과 사회적 차원으로 구분할 수 있습니다. 우선 개인적 차원에서 주민들이 자신의 이익을 넘어서 공동체의 이익을 고려한다면, 이러한 갈등 상황이 발생하지 않을 것입니다. 하지만, 개인적 차원의 해결 방안으로는 부족합니다. 인간은 본래 이기적 동물로, 자신의 이익을 최우선으로 고려하기 때문에 이러한 해결 방안은 현실적으로 불가능합니다. 따라서 사회적 차원의 해결 방안이 필요합니다. 우선 첫 번째로, 사업과 관련된 주체를 모두 초청하여 토론회를 개최하는 것입니다. 정부, 집이 없는 사람, 집값 하락을 걱정하는 주민이 모두 모여 각자 자신들이 원하는 바가 무엇인지 이야기함으로써 타협에 도달할 수 있습니다. 두 번째로, 사업을 실시할 경우, 주민들이 입게 될 피해를 고려하여 정부는 주민들에게 그에 상응하는 보상을 제공해 주어야 합니다. 무조건적으로 주민들의 배려를 부탁하는 것은 불공평하며, 이는 타협이 이루어지지 않게 할 여지가 있으므로, 보상은 제공되어야 합니다. 이상입니다.

〈생기부 기반 면접〉

- 1학년 때 했던 교육학 학술제에서 본인의 역할은? 어려웠던 점은?
- 후배들이 교육학 학술제를 이어서 개최할 경우 본인의 역할을 맡을 후배에게 조언하고 싶은 것은?
- 교육학과 학생에게 필요한 자질은?

"넓고 깊은 눈(시야/시각)"이라고 답변했던 것 같다. 자세히는 기억이 나지 않는다.

(4) 면접 후 아쉬운 점이나 후배에게 전하고 싶은 면접 팁이 있다면?

자신감이 가장 중요한 것 같다. 총 세 번의 면접을 봤는데, 제시문을 본 순간 가졌던 감정, 자신감이 면접에 많은 영향을 미쳤던 것 같다. 제시문이 완전히 이해가 되고 무엇을 말해야 할지 정리가 되었을 때는 면접실에 들어갈 때에도 자신감이 생겼다. 반면, 스스로 제시문을 완벽히 이해하지 못하였다는 생각이 들고, 무엇을 말해야 하는지 정리가 되지 않았을 때는 자신감이 부족했던 것 같다. 그 자신감의 차이가 면접 결과로 이어지기도 했다. 자신감을 가질 수 있는 방법 중 하나는 자신의 능력을 기르는 것이라고 생각한다. 자신감은 근거 없는 것이 아니라 잘할 수 있다는 자신에 대한 근거 있는 믿음에서 비롯된다. 다양한 분야에 대한 지식을 쌓고, 자신의 생각을 잘 정리해서 말하는 능력을 갖추고, 그것을 자신이 알고 있다면 면접 상황에서 교수님 앞에서 말하는 것이 떨리더라도, 또박또박 자신의 주장을 논리적으로 말할 수 있을 것이고 궁극적으로 좋은 결과로 이어질 것이다.

Q08 본인이 합격한 가장 중요한 요인은 무엇이라고 생각하나요?

내신 성적과 진로와의 연관성이라고 생각한다. 내신 성적은 어떤 '대학'을 지원할 수 있는지를 결정하고, 진로와의 연관성은 어떤 '학과'를 지원할 수 있는지를 결정한다고 생각한다.

Q09 마지막으로 선배로서 후배들에게 꼭 해 주고 싶은 조언이 있다면?

크게 두 가지 조언을 하고 싶다.

첫째, 나는 수시와 정시가 크게 다르다고 생각하지 않고 고등학교 생활에 임했다. 수시와 정시 모두 궁극적으로는 교육 과정 내의 내용을 다루기에 수시 공부가 정시 공부에 도움이 되고, 정시 공부가 수시 공부에 충분히 도움이 될 수 있다. 평소에는 정시 준비를 하고, 내신 기간 2주 정도간은 집중적으로 내신 시험 준비를 하는 등 시간을 효율적으로 잘 활용하여 수시와 정시 어느 하나 포기하지 않고 고등학교 생활에 충실히 임하는 것을 추천하고 싶다.

둘째, 내가 인터뷰에서 강조한 1) 주어진 시간(자습 시간)을 최대한 활용하여 공부하기, 2) 교과서를 반복하여 공부하기, 3) 어려운 문제를 마주쳤을 때 끈기 있게 고민하기, 4) 수면 시간 충분히 확보하기, 5) 수업 시간 선생님 말씀에 집중하기와 같은 것들은 비법이라고 하기에도 무안할 정도로 당연하고, 많이 들어본 것일지도 모른다. 하지만 차이는 자신과의 약속을 지키는지 여부에 달려 있다고 생각한다. 모두가 알고 있지만 실천하는 사람은 많지 않다. 알고 있는 것을 실천으로 옮기는 것이 가장 중요하다. 쉬운 길, 편법은 없다. 자신이 옳다고 생각하는 것을 실현하기 위해 계획을 세우고, 노력하고, 그 길을 묵묵히 가기 바란다.

03. 교육계열

경인교대 초등교육과 19학번

Q01 고교 동아리 활동을 하면서 중점을 둔 것은 무엇인가요?

1학년 때는 교육 동아리, 2학년 때는 과학 실험 동아리를 했는데 과학 실험 봉사 동아리가 훨씬 의미 있었다. 교육 동아리 활동들은 중요한 활동들이지만 진부하고 남들도 다 할 것 같은 느낌이 들었다. 과학 실험 동아리는 직접적으로 교육과 관련된 동아리는 아니지만 실험과 초등학생 멘토링 봉사를 한 번에 하면서 재미있고 특별한 활동을 많이 할 수 있었다. 그래서 직접적인 교육 동아리는 아니었지만 오히려 내가 즐길 수 있는 활동을 하면서 그 속에서 숨은 교육적인 의미를 발견하는 것에 무게를 두고 활동했다.

Q02 고3 여름 방학 활용에 대해 조언한다면?

수능을 준비하지 않았기 때문에 수능 대비를 하지 않아도 되었다. 그래서 남는 시간을 봉사에 더 사용하려고 했다. 주기적으로 해 오던 피아노 봉사에서 아이들에게 가르쳐 주기 위한 곡을 평소보다 1-2곡 더 연습해 가거나 초등학교 멘토링 봉사에 사용할 교구를 직접 설계하고 만들어 보기도 했다. 동시에, 독서를 하며 생기부 내용을 분류하고 자기소개서에 쓸 소재들을 고민하며 여름 방학을 보냈다.

Q03 본인만의 공부법이 있다면?

(월-금)요일마다 한두 과목씩 정해 두고, 일주일 동안 수업한 내용을 그 과목 공부 요일에 한꺼번에 복습했다. 시험 2-3주 전부터는 하루에 두세 과목씩 정하여 그 과목들의 시험 범위를 하루 동안 처음부터 끝까지 복습하는 방식을 매주 반복했고, 시험 전에 전체 시험 범위를 최소 6번은 반복 학습할 수 있도록 했다. 특정 과목을 더 공부하지는 않고 반복 학습 횟수도 동일하게 구성되도록 계획했다. 플래너에도 시간별로 나누어 계획을 세우지 않았고 그날 공부할 과목이 무엇인지만 메모했다. 한 과목의 학습이 끝날 때까지는 다른 과목으로 바꾸지 않았고, 시간이 정해져 있지도 않아서 한 과목에 온전히 집중하여 공부할 수 있었다.

계획한 것을 모두 학습하면 나머지 시간은 취미 활동이나 여가 생활을 위해 사용했다. 마찬가지로 시험 기간이 아닐 때의 주말은 무조건 비워 두고 쉬는 시간을 가졌다. 물론 예외가 생겨 평일에 공부하지 못한 과목은 주말에 공부하기도 했다. 이것이 스트레스를 많이 받지 않고 공부할 수 있도록 해 준 큰 요소였던 것 같다.

주로 교과서 중심으로 학습을 했는데 문장을 하나하나 집중하여 읽으면서 무조건 외우려고 하기보다 내용을 이해하여 자연스럽게 받아들여지도록 했다.

Q04 학교생활 중 수시 준비 과정에서 나만의 전략은?

생기부를 하나의 컨셉트로 통일하려고 했다. 3년 내내 초등교사를 희망하였기에 생기부가 교육적 내용으로 통일되는 것은 당연한 것이지만 교육과 더불어 예체능 내용 또한 강조하였다. 그림을 그리는 것이 특기인 만큼 생기부에는 여기저기에서 그림과 관련된 부분을 찾을 수 있었고, 다양한 예체능 활동들이 기재되어 있었다. 사람들이 읽으면서 교육, 예체능이라는 부분을 자연스럽게 인식할 수 있도록 강조했다. 학교에서 생기부를 읽고 이 사람이 어떤 사람인지를 쉽게 파악하고 하나의 컨셉으로 인식할 수 있는 것이 중요하다고 생각했기 때문에 생기부를 하나의 컨셉트로 통일하는 것에 노력을 많이 기울였다.

세특과 관련한 부분도 모든 활동들을 교육에 연관시키고자 했고 (수학 문제 해결 방법을 친구들에게 설명해 주며 한 번 더 학습…), 그림과 연관시켜(…을 발표하면서 만화를 그려 알기 쉽게 설명함) 작성했다.

더불어 3년 내내 학원을 다니지 않았기 때문에 생기부에 자기 주도 학습과 관련한 부분도 강조하였다.

Q05 교대를 지원하는 후배에게 추천해 주고 싶은 책이 있다면?

《소리 없는 질서(안애경)》 - 노르웨이와 핀란드 교육에 대한 책이며 내가 생각하는 좋은 교육은 어떤 모습인지 생각해 보게 되는 책입이다. 이상적인 교육의 모습을 생각하면서 읽는 내내 행복했던 책이다.

《주먹을 꼭 써야 할까?(이남석)》 - 다른 교육 도서들과 달리 만화도 그려져 있고 재미있게 읽을 수 있는 책이다. 가벼워 보이지만 학교 폭력에 대해 깊이 있게 다루고 있어 읽으면서 메모도 많이 했던 책이다.

Q06 학교생활 중 수시 준비를 위한 나만의 전략은?

하루하루가 같은 학교 생활에서 유일하게 특별한 활동을 할 수 있었던 것이 동아리 활동이었다. 1학년때는 교육 동아리를 하면서 선배, 친구들과 교육에 대해 깊게 생각해 보는 시간을 가질 수 있었고, 2학년때는 에코 동아리라는 과학 실험 동아리를 하면서 친구들, 초등학생들과 과학 실험도 해 보고 색다른 활동을 할 수 있었기 때문에 학교 생활에서는 동아리 활동에 가장 중점을 두었다.

교외 활동으로는 봉사 활동이 있었다. 생기부를 교육+예체능 컨셉트로 통일하는 것에 중요성을 뒀기 때문에 교육, 예체능을 한 번에 표현할 수 있는 피아노 교육 봉사 활동을 가장 중요시 했다.

Q07 노트 필기나 개념 정리 노하우가 있다면?

교과서 개념 정리 방법

개념을 정리할 때 내가 사용하는 펜은 삼색(검정, 파랑, 빨강)펜과 형광펜이었다. 검정은 덧붙여 설명하는 개념, 동의어, 이해하는 데 도움이 되는 짧은 설명, 선생님께서 스치듯 설명한 내용 등을 적는 데 사용하였고 펜 중에서 가장 중요도가 낮은 색이었다. 파랑은 선생님께서 언급한 부분 표시, 추가로 알아야 할 것들 메모 등 교과서 내용과 더불어 학습해야 하는 내용을 메모, 표시하는 데 사용하였고 중요도는 보통이었다. 빨간펜은 선생님께서 유독 많이 언급하시거나 중요하게 다루는 내용을 표시, 메모하는 데 사용했으며 중요도는 높음이었다. 하이라이트는 직접 중요하다고 언급했거나 정말 중요한 내용에 표시하는 용도로 사용하였다.

주로 교과서를 중심으로 공부했던 나는 이 펜들을 사용해 따로 노트를 사용하지 않고 교과서를 학습하면서 필기 내용까지 바로 연결하여 학습할 수 있도록 교과서에 한 번에 필기를 했다.

Q08 면접은 어떻게 보았나요?

(1) 면접 준비 방법과 면접 노하우는?

우리 학교에는 함께 교대를 지원하는 친구들이 6명이 있었기 때문에 매일매일 그 친구들과 각 교대별 면접을 연습하는 시간을 가졌다. 2명씩 조를 나누어 개별 면접을 연습하고 집단 면접은 다 함께 연습하였다. 실제 면접처럼 진행했지만 편한 친구들과 함께해서 연습을 하면 할수록 거부감이 적어졌고 집단 면접 또한 즐길 수 있게 되었다. 집단 면접에서 발생할 수 있는 돌발 상황도 함께 연습하였다.

면접을 자연스럽게 볼 수 있는 노하우라면 면접을 면접이라고 생각하지 말고 모르는 사람에게 내 학교 생활을 설명해 주는 것이라고 생각하라는 것이다. 평소에 친구들에게 내 생기부 내용을 설명해 주는 듯한 연습을 많이 하면 생동감 있게 설명하는 법을 자연스럽게 터득할 수 있게 되고 면접관 앞에서도 잘 떨지 않게 된다.

(2) 면접 방식

개인 면접, 집단 면접으로 나누어 개인 면접은 1:2의 방식으로 생기부를 바탕으로 교수님 두 분이서 질문을 하는 방식으로 진행되었고 집단 면접은 5명이 한 팀으로 구성되어 제시된 문제를 읽고 토의를 진행하여 교수님 앞에서 발표하는 방식으로 진행되었다.

(3) 면접 문항과 답변

정확한 문항들은 기억이 나지 않지만 대부분 생기부를 기반으로 한 질문을 받았다.

(4) 면접 후 아쉬운 점이나 후배에게 전하고 싶은 면접 팁이 있다면?

경인교대 면접실에서는 진행 위원분들이 개인 면접 후 절대 마지막 한마디 등 개인적으로 준비한 어필 멘트를 하지 말라고 한다. 나는 준비하지도 않았고 실제로 하지도 않았는데 내 친구는 마지막 한마디를 했다고 한다. 정말 멋진 한마디를 준비하지 못한 것에 아쉬움이 좀 남았다. 진행 위원분들은 하지 말라고 하시지만 좋아하는 교수님들도 있고 교수님들 기억에 당연히 더 잘 남을 수 있을 것이라 생각된다. 후회 없이 해 보는 것을 추천한다.(다만, 진짜 멋있어야 한다.)

다시 이야기하지만 면접을 너무 딱딱하게 생각하지 말고 모르는 사람들에게 내가 고등학교 3년 생활동안 무엇을 했는지, 교사에 대한 내 생각이 어떠한지 설명해 주는 시간이라고 생각하면 긴장도 풀리고 자신감 있어 보일 것이다.

Q09 본인이 합격한 가장 중요한 요인은 무엇이라고 생각하나요?

교대생들 중 교과, 예체능 모두 잘하는 학생들이 의외로 많지 않다. 반면 내 경우는 예체능 성적이 높았고 예체능 관련 활동도 많이 기재되어 있으며 교육과 관련이 없거나 작은 활동들에서도 의미를 찾아 다양하게 구성되어 있는 점이 다른 지원자들과 다르게 느껴지지 않았나 싶다.

Q10 마지막으로 선배로서 후배들에게 꼭 해 주고 싶은 조언이 있다면?

확신을 가지는 것이 정말 중요하다. 사실 나는 남들보다 더 열심히 준비한 것도 아니고 더 잘난 것도 없었다고 생각한다. 하지만 교대에 합격할 수 있다는 확신을 3년 내내 가지고 있었다. 그 확신들이 뭉쳐져서 자신감이 되었고 교대와 연관될 수 있는 여러가지 활동을 열심히 할 수 있는 활동력으로 이어질 수 있었다. 결과적으로 생기부와 자기소개서를 통해 그런 자신감을 학교에서도 느낀 거라 생각한다. 학생부종합전형은 학교 생활에서 조금 부족한 부분이 있더라도 다른 활동에서 그것을 충분히 보완할 수 있는 전형이라 생각한다. 학교생활을 어떻게 하느냐에 따라 합격 대학이 몇 단계 올라갈 수도 있다. 자신이 지원한 분야를 정말 원하고 꿈꾼다면 꼭 자신이 원하는 분야에 합격할 수 있다는 확신을 가지고 학교생활에 임했으면 좋겠다!!

어떤 것에 통달한 사람이 드문 것은

반복이 지루하고 싫증나는 일이기 때문이다.

- 할 엘로드

합격생 학생부 / 자기소개서 사례

01. 인문계열 정치외교학과

- 고등학교 : 이천양정여자고등학교 (경기도)
- 대학 및 학과 : 한국외국어대학교 사회과학대학교 정치외교학과
- 학번 : 19학번

◆ 내신 등급

구분	1학년	2학년	3학년	평균
전 과목	1.29	1.50	1.43	1.40
국영수탐	1.29	1.54	1.45	1.45

◆ 모의고사 및 수능 등급

과목	국어	영어	수학	탐1	탐2
6모평	2	2	1	2	2
9모평	2	1	1	2	3
수능	3	2	1	2	3

◆ 수시 합격/불합격 결과

대학	학과(부)	전형	합/불	비고
고려대	정치외교학과	학교추천2	불	
한국외대	정치외교학과	학생부종합	합	최초합
서울시립대	행정학과	교과	합	

◆ 비교과 활동

(1) 자율활동

학년		주요 활동
1학년	1학기	'내 삶을 변화시키는 울림이 있는 강연'(심상정 의원의 강연), 회장, 자기표현프로젝트(미디어를 활용하여 나 표현하기), '힐링하고 갑시다' 바이올린 연주자(외국인 근로자들에게 연주), 성가합창발표회(반주자)
	2학기	자소서 캠프, '국제통상에서 찾는 나의 미래' 강의, 'Seeing is Believing?' 강의(연세대 교수님의 인문학 강의)
2학년	1학기	회장, 저개발아동국가돕기 캠페인 주도, 통일교육워크숍 참여, 경기도교육청 정책마켓프로젝트 참여
	2학기	이그나이트에 연사로 참여(주제: 익숙한 관계의 소중함), 진로체험, 학교 안 예술학교 참가(랩)
3학년	1학기	회장, 일본의 수출 규제에 대해 조사하여 반 친구들에게 설명함, 나눔의 집을 찾아 위안부 할머니께 쓴 반 친구들의 편지를 전달함, 1311매칭코칭프로그램(멘토가 되어 학교 후배를 도와줌)

(2) 동아리활동

학년	동아리	활동내용
1학년	시사토론반	진로와 관련된 주제로 토론하고 신문 기사를 스크랩
	마음멘토	행복한 등교 행사를 기획하고 블라인드 상담(또래 상담) 행사를 기획
	유엔지오	관심 있는 국제기구에 대해 조사하고 발표
2학년	시사토론반	중미 무역분쟁에 관한 토의를 기획하고 모의 정상 회담을 엶.
	국제기구연구반	국제 난민 수용을 주제로 토론, 통일을 주제로 토론
	몽실잇기	반이민 정책을 주제로 실험법을 활용해 보고서 작성, 난민에게 필요한 정책을 만들어 보고 지역 의원을 초청해 이를 제안, 모의 의회를 개최하고 시정 감사를 주도
	클라이밍	주기적으로 클라이밍 활동을 함

3학년	시사토론반	조별 토론 '유엔의 영향력 확대의 필요성'에 대해 토론
	몽실잇기	민주주의 및 선거법 개정안에 대해 현직 국회 의원을 서면 인터뷰하고 지역 국회 의원을 초대하여 토크 콘서트 개최 모의 유엔 기획 및 의장단으로 참여(아동 노동 철폐), '강한 한국'을 만들기 위헤 여러 리더들의 외교 모델을 살펴보고 해결책 제시

(3) 봉사활동

학년	장소/주관기관	활동내용	누계시간
1학년	청소년센터	다문화가정의 멘티에게 공부 및 학교 생활 전반에 도움을 줌	117
2학년	청소년센터	위와 같음	78
	어린이도서관	어린이들에게 영어로 된 동화책을 읽어 줌	
3학년	어린이도서관	위와 같음	55
	지역봉사단	3.1운동 100주년 기념 태극기 만들기	

(4) 독서활동

학년	과목/영역	책 제목
1학년	진로	정의란 무엇인가, 댓글부대
2학년	진로	우리의 비만, 그들의 기아 / 가난한 휴머니즘, 세계의 빈곤 누구의 책임인가
3학년	진로	자유로부터의 도피, 유엔을 말하다, 국가란 무엇인가, 앞은 못 봐도 정의는 본다

◆ 자기소개서

1. 고등학교 재학 기간 중 학업에 기울인 노력과 학습 경험을 통해 배우고 느낀 점을 중심으로 기술해 주시기 바랍니다. (1000자)

최근 잦아진 국제 분쟁을 접할 때마다 그 중심에는 항상 미국이 있었습니다. 강대국인 미국이 국제 관계에 어떤 영향을 끼치는지 궁금해 국제 관계와 국제기구 시간에 미국과 이란의 원유 분쟁을 탐구했습니다. 처음엔 자국의 이익을 위해 미국이 이란과의 핵 협정을 탈퇴했지만, 이란이 맞서자 다시 이란의 원유에 세컨더리 보이콧을 선언하면서 갈등이 깊어지고 있음을 알았습니다. 이를 통해 미국이 연관된 국제 분쟁의 근본적 원인이 자국 이기주의 성향 때문이라고 생각했습니다. 그래서 이러한 강대국의 자국 이기주의가 국제 사회에 어떤 영향을 주는지 탐구해 보고자 이를 주제로 스토리텔링전에 참가했습니다. 먼저 국제 사회에서 자국 이기주의 성향이 드러난 실제 사례를 찾아보았습니다. 난민 문제로 분담금이 증가하자 EU 탈퇴를 결정한 영국의 브렉시트는 국제 사회의 협력을 방해하는 자국 이기주의를 잘 보여 주고 있었습니다. 그 외에도 미국의 멕시코 장벽 설치, 이탈리아의 극우 정당 우세 등 생각보다 많은 강대국에서 자국 이기주의적 성향이 나타나고 있었습니다. 이러한 자국 이기주의는 단기적으로는 해당 국가에 이익이 되지만 장기적으로는 여러 분야에서 국제 분쟁을 일으킬 수 있음을 알았습니다. 그래서 이러한 문제를 해결할 방안을 찾아보았습니다. 먼저 유엔이 영향력 강화를 통해 강대국의 이기주의적 태도를 감시하고 제재하는 임무를 수행해야 함을 제안했습니다. 또한 국적에 관계없이 국제 사회 구성원을 동등하게 고려하는 세계 시민 의식을 함양하기 위해 개인과 정부, 국제기구가 교육, 캠페인 등을 통해 노력해야 한다고 생각했습니다. 이를 정리하여 자국 이기주의 문제를 해결하기 위해 모두가 세계 시민 의식을 가지고 동참해야 한다는 내용의 스토리텔링을 했습니다. 이처럼 국제 사회 문제의 근본적 원인과 해결책을 탐구하면서 자신의 문제가 아니라고 외면하기보다 국제 문제에 관심을 두고 참여하는 것이 더 나은 사회로 발전하는 시작점임을 배웠습니다. 또한 국제 문제를 탐구하면서 국가 간의 상생을 위한 균형을 유지하기 위해서는 국제기구가 노력해야 함을 느꼈습니다.

2. 고등학교 재학 기간 중 본인이 의미를 두고 노력했던 교내 활동(3개 이내)을 통해 배우고 느낀 점을 중심으로 기술해 주시기 바랍니다. 단, 교외 활동 중 학교장의 허락을 받고 참여한 활동은 포함됩니다. (1500자)

개편과 패스트트랙 지정에 대해 여러 정당이 두 입장으로 나뉘어 대립을 이루고 있었습니다. 저는 국민의 의견을 더 많이 반영할 수 있어 선거법 개편과 이를 패스트트랙으로 지정하는 것에 찬성했지만, 저와 다르게 생각하는 사람들도 있다는 것을 알게 되었습니다. 그래서 친구들과 함께 반대하는 의견을 가진 지역 국회 의원님을 초대하여 서로의 생각을 나누는 토크 콘서트를 개최했습니다. 저는 비례 대표제 개편에 대해서만 생각했는데 토크콘서트를 진행하면서 선거구제를 개편하는 방향에 대해서도 생각해 보고, 효과적으로 국민의 의견을 반영할 수 있는 선거제를 함께 찾아 나갈 수 있었습니다. 그리고 선거법 개편에 대한 두 입장은 더 나은 민주 사회라는 목표는 같지만 이를 달성하려는 방법에 대한 의견의 차이일 뿐이라는 것을 깨달았습니다. 정당 간의 대립이 갈등과 분열이라고 생각했는데 올바른 정치를 위해서는 여러 생각을 가진 사람들이 의견을 나누는 과정이 꼭 필요하다고 생각했습니다. 또한 자신과 생각이 다르다고 무조건 비판하기보다는 열린 사고를 가지고 차이를 존중해야 한다는 것을 배웠습니다. 이렇게 서로의 의견을 나누고 대립하며 절충하는 과정이 정치임을 깨달았습니다.

시사토론반에서 '중미 무역 전쟁에 대한 해결 방안'을 주제로 토론을 이끌었습니다. 주제를 찾던 중 미국 대통령의 외교 성향이 단적으로 드러나는 '중미 무역 전쟁'을 선정하였습니다. 문제를 이해하고 새로운 시각으로 접근하기 위해 어떤 토론 방식을 적용할지 고민하다가 단순히 조사 자료를 바탕으로 해결책을 토의하는 것이 아니라, 중국과 미국의 입장이 되어 협상을 통해 협의안을 결정하는 방식으로 토론을 진행했습니다. 이렇게 토론하니 준비한 내용을 발표하기에 급급했던 친구들이 각 나라의 처지에서 생각하며 각국의 정치적 상황과 역사적 배경이 반영된 외교 성향을 더 잘 이해할 수 있었습니다. 이를 통해 자기 생각을 표현하는 데에는 다양한 방법이 있음을 깨달았습니다. 또한 '중미 무역 전쟁'은 단순한 경제적 갈등이 아니라 오래전부터 계속된 이념 및 정치적인 갈등이 만들어낸 두 국가의 힘겨루기라는 것을 알았습니다. 그리고 한 사회 현상의 이면에는 경제, 정치, 역사 등 수많은 분야에 걸친 연결 고리가 있으며, 이러한 복합적 요인을 종합적으로 고려해야 함을 배웠습니다.

외국인 근로자를 위해 기획된 '힐링하고 갑시다' 행사에 참여하여 친구들과 바이올린 연주를 준비했습니다. 연주곡은 외국인 근로자들이 다 알고 즐길 수 있는 것으로 선정했습니다. 처음에는 같은 선율을 함께 연주하다가 서로의 소리를 들으며 화음을 쌓아 나갔고, 더욱 풍성한 소리로 곡을 표현할 수 있었습니다. 연주를 끝내고 내려오는데 외국인 근로자분이 저희 손을 잡으며 연주에 감동했고 고맙게 들었다며 감사의 말씀을 전해 주셔서 뿌듯했습니다. 저도 그 말에 위로를 받아 사람들에게 깊은 여운을 남길 수 있는 사람이 되고 싶다고 생각했습니다. 음악을 통해 외국인 근로자와 마음을 나눈 것처럼 국적, 나이에 상관없이 다양한 방식으로 서로 소통하고 마음을 나눌 수 있음을 깨달았습니다.

3. 학교생활 중 배려, 나눔, 협력, 갈등 관리 등을 실천한 사례를 들고, 그 과정을 통해 배우고 느낀 점을 기술해 주시기 바랍니다. (1000자)

지역 시 의원님의 제안으로 시청에서 모의 의회를 진행하게 되었고 저는 모의 의회 진행을 총괄하는 역할을 맡았습니다. 그러나 모의 의회가 갑작스럽게 진행되어 동아리 친구들의 참여가 저조했습니다. 친구들과 이야기해 보니 시험이 끝난 후 대회와 활동이 많아 모의 의회 준비를 미루고 있음을 알게 되었습니다. 친구들의 참여를 끌어내기 위해 모의 의회가 의미 있는 활동임을 알려줘야겠다는 생각이 들어 다른 지역에서 청소년들이 제안한 조례가 실제로 반영되어 성공적으로 운영되고 있는 사례를 소개했습니다. 그래서 친구들에게 위의 사례처럼 우리도 청소년으로서 느끼는 불편함을 보완하는 조례를 만들어 보자고 제안했습니다. 그러자 친구들이 모의 의회에 점차 관심을 두기 시작했습니다. 하지만 무엇을 해야 할지 모르거나, 자기가 아니어도 잘 진행될 것이라 생각하는 친구가 있어 다시 준비가 정체되었습니다. 이를 해결하려 친구들과 회의를 열어 각자 하고 싶은 역할을 맡아 책임감을 갖고 준비할 수 있도록 했습니다. 또한 일주일에 두 번씩 만나 서로의 결과물에 조언하고 새로운 생각이나 어려운 점이 생기면 채팅방에 공유하기로 했습니다. 점차 각자의 역할에 책임감을 느끼고 서로 도우며 모의 의회를 준비했습니다. 그 결과 모의 의회를 성공적으로 마치고 청소년 문화 공간 조성에 관한 조례를 제정할 수 있었습니다. 이를 참관한 시 의원님과 시청 청소년팀은 청소년의 불편함을 구체적으로 알게 되었고 모의 의회에서 제정한 조례를 실제로 반영할 수 있도록 노력하겠다고 하셨습니다. 친구들도 직접 조례를 만들면서 변화를 만들어 내는 역할을 한 것 같아 보람을 느꼈다고 했습니다. 모의 의회를 진행하며 참여를 끌어내는 과정에서 어떤 의미를 부여하는지에 따라 참여 의지도 달라질 수 있기에 동기 부여의 중요성을 배웠습니다. 또한 자기 생각을 자유롭게 이야기할 수 있고 존중 받을 수 있는 소통의 장을 마련하는 것이 중요하다는 것을 알았습니다. 각자의 역할에 충실하면서도 서로의 역할에 많은 관심을 갖고 협력해야만 모두가 발전할 수 있음을 깨달았습니다.

4. 해당 모집 단위에 지원하게 된 동기와 지원하기 위해 노력한 과정을 구체적으로 기술하시오. (1500자)

난민 문제는 종교, 국가관계 등이 복합적으로 작용하는 문제임을 알게 되었습니다. 그래서 국제 사회의 '평화'라는 가치를 지키려면 난민 문제 해결이 우선이라 생각했습니다. 이를 위해서는 총체적 관점에서 모두의 협력을 끌어낼 수 있는 국제기구의 역할이 필수적임을 깨달았습니다. 그래서 국제기구 종사자로서 난민 문제를 해결하기 위해 각국의 정치 상황, 국제 정세, 외교 성향 등을 배우고자 고려대학교 정치외교학과에 지원했습니다.

제주도 예멘 난민 사태에서 난민 문제의 심각성을 느꼈습니다. 그래서 친구들과 정책 마켓 프로젝트에 참여해 난민에게 일자리를 제공하는 정책을 만들었습니다. 하지만 국민의 입장으로 바라보니 실업난 속에서 이 정책이 난민에 대한 반감을 심화할 수 있다고 생각했습니다. 도 의원님께 정책을 소개하며 여쭤 보니 난민은 주로 기피 직종에서 일하기에 문제가 되지 않고, 오히려 지속적 관리를 통해 정책이 일회성에 그치지 않게 해야 한다고 하셨습니다. 이를 통해 미처 고려하지 못한 부분을 생각해 보았고, 난민 문제를 해결하려면 난민과 국제 사회 모두를 고려해야 함을 깨달았습니다. 난민 문제에 깊게 접근하며 문제를 다각적으로 바라보는 능력을 키웠습니다.

모의 유엔에서 회의를 총괄하는 사무총장 역할을 맡아 아동 노동을 주제로 회의를 진행했습니다. 최저 임금 인상에 대해 개발 도상국과 선진국이 대립하고 있었습니다. 저는 최저 임금 인상은 현실적으로 불가능하다고 생각해 아동 복지 등 다른 측면의 개선을 제안했습니다. 모두를 만족시키고 아동 노동 문제도 도의적으로 해결할 수 있는 방안을 제안하며 경제 외의 다른 측면도 생각했습니다. 또한 선진국과 개발도상국 모두를 감독하는 새로운 국제기구의 출범까지 더해 결의안을 만들었습니다. 이를 통해 객관적 입장에서 상생할 수 있는 방향을 고려하는 것이 국제기구의 역할임을 깨달았습니다.

넓은 시야와 객관적 판단력을 갖추고 고려대학교에서 정치, 외교 분야를 탐구하겠습니다. 불의에 맞서고 정의를 추구하는 난민구호 전문 국제 기구 종사자로 성장해 세계 평화에 이바지하겠습니다.

01. 인문계열 심리학과

- 고등학교 : 세원고등학교 (경기도)
- 대학 및 학과 : 연세대학교 문과대 심리학과
- 학번 : 20학번

◆ 내신 등급

구분	1학년		2학년		3학년	평균
	1학기	2학기	1학기	2학기	1학기	
전 과목	1.7	1.4	1.25	1.25	1.16	1.35
국영수탐	1.5	1.3	1	1	1	1.16

◆ 모의고사 및 수능 등급

과목	국어	영어	수학
9모평	2	1	2
수능	3	1	3

◆ 수시 합격/불합격 결과 (2020학년도)

대학	학과(부)	전형	합/불	비고
서울대	심리학과	일반전형	불	반수2020
연세대	심리학과	학생부종합전형	합	반수2020

◆ 수시 합격/불합격 결과 (2019학년도)

대학	학과(부)	전형	합/불	비고
고려대	심리학과	학교추천전형	불	현역2019
성균관대	사회과학부	학생부종합전형	합	현역2019

이화여대	심리학과	고교추천전형	합	현역2019
중앙대	심리학과	다빈치전형	합	현역2019
경희대	아동가족학과	학교추천전형	합	현역2019
서울대	아동가족학과	일반전형	불	현역2019

◆ 비교과 활동

(1) 자율활동

학년		주요 활동
1학년	1학기	소통과 공감 활동, 나도 창의적인 쉐프 / 창의인재 역사 문화 탐방 / 테마형 수련활동 / 세원데이
	2학기	대한민국행복교육박람회 / 교내합창대회 / 세원주제연구발표대회
2학년	1학기	학급자치회 회장 / 5기 6기 열정세원학과 / 캠퍼스 투어 / 주제별체험학습 활동
	2학기	거북이 마라톤 대회 / 응급처치교육 / 종업식
3학년	1학기	학급자치회장 / 학교폭력예방교육 / 졸업앨범 사진촬영 / 아동학대 신고교육 / 중독 안전교육 / 합동소방훈련 / 힐링콘서트

(2) 동아리활동

학년	동아리	활동내용
1학년	심봉사	<굿윌헌팅>이라는 영화를 보고 상담자로서의 자세를 배움, 심리 분야나 이론에 대해 알아보는 시간을 가짐
2학년	라온제나	동아리를 창설, 익명 고민 상담인 '고민 먹는 우체통' 활동, 방관자 효과와 군중 심리 실험을 진행
3학년	진로리더십	'나의 진로 발표 시간'에 친구들에게 자신의 진로, 목표, 신념들에 대해 전달하는 활동

(3) 봉사활동

학년	장소/주관기관	활동내용	누계시간
1학년	학교, 지역아동센터, 복지관	지역아동센터에서 중학생 멘토링, 사회복지관에서 청소년 자원봉사 학교 참여	49
2학년	학교, 지역아동센터, 꽃동네	지역아동센터에서 중학생 멘토링, 꽃동네에서 정신질환을 앓고 계신 할머니 분들을 위해 청소, 빨래, 말벗 활동	33
3학년	학교	환경 정화 활동	6

(4) 독서활동

학년	과목/영역	책 제목
1학년	국어	개밥바라기별, 레미제라블, 유예, 연을 쫓는 아이, 광화사
	사회	부자의 경제학 빈민의 경제학
	한국사	유배지에서 보낸 편지
	과학	위험한 과학책
	공통	생생심리학, 아우를 위하여, 수성궁 담장이 저리 높은들, 나를 바꾸는 심리학의 지혜, 괜찮아 3반, 죽음의 수용소에서, 말더듬이 선생님
2학년	고전	만화 애덤스미스 국부론
	문학	오발탄, 너와 나만의 시간
	경제	잘산다는 것
	사회문화	철부지 사회
	공통	핀란드 교실혁명, 교사로 산다는 것, 괜찮아 이제 시작이야, 비폭력대화, 삼대, 광장, 긍정심리학, 멈추면 비로소 보이는 것들, 가끔은 제 정신, 창가의 토토
3학년	공통	GRIT, 인간은 어떻게 서로를 공감하는가, 말의 품격, 해피어

◆ 자기소개서

1. 고등학교 재학 기간 중 학업에 기울인 노력과 학습 경험을 통해 배우고 느낀 점을 중심으로 기술해 주시기 바랍니다. (1000자)

진정한 학습은 지식의 공유를 통해 자신과 다른 이들이 함께 성장하는 과정 속에서 일어난다고 생각합니다. 2학년 사회문화 시간에 배운 사회 문제들 중 가정 폭력이 관심을 끌었습니다. 가정 폭력이 남들에게 알리기 어렵고, 피해자가 도움을 요청하기 어렵다는 사실을 알았습니다. 가정 폭력을 예방하고 해결하는 방법을 조사하던 중 손바닥에 검은 점 하나를 찍어 '나를 구해줘'라는 메시지를 전하는 가정폭력 근절 캠페인인 블랙 닷 캠페인에 대해 조사하였습니다. 간절한 구조 요청을 지나치는 일이 없도록 블랙 닷 캠페인을 수업 시간에 발표하고 친구들에게 동참을 제안했습니다. 가정 폭력을 비롯한 사회 문제의 해결을 어렵게 하는 또 다른 원인을 찾던 중 동아리 독서 시간에서 읽은 《생생 심리학》 책 속의에 무관심에서 오는 방관자 효과를 생각했습니다. 저는 방관자 효과를 해소시켜 적극적인 도움을 주려면 스스로가 방관자 효과에 대해 알고 경계하는 것이라고 생각했습니다. 이론으로만 그치지 않고 체험해 보는 것이 효과적이라고 생각하여 모의 실험을 하였습니다. 도움이 필요한 상황에서 한 명이 있는 경우와 많은 학생이 있는 경우에 행동이 어떻게 다른지 알아보았습니다. 모의 실험을 통해 나타난 방관자 효과를 보고 많은 사람들의 도움의 표시들을 지나치지 않았는지 반성했습니다. 그리고 실험에 참가한 친구들이 방관자 효과를 자각하고 적극적으로 행동해야겠다고 다짐하는 것을 보고 뿌듯함을 느꼈고 더 많은 친구들이 사회 문제에 적극적으로 행동하길 바라는 마음에서 실험 내용이 담긴 동영상을 많은 학우들에게 보여 주어 학습의 나눔을 실천했습니다. 이 경험을 통해 제가 알고 있는 지식이나 경험을 다른 친구들과 공유하면 한층 더 성장한다는 것을 깨달았고 적극적으로 지식을 공유하며 학문의 즐거움을 느꼈습니다. 제가 공부하고 경험한 다양한 지식을 나누는 학습태도는 훗날 사회의 미래인 아동과 청소년들에게 최선의 가능성을 이끌어 줄 사람이 되어 세상을 밝게 만드는 조력자가 되는 데 필요한 훌륭한 자산이라 생각합니다.

2. 고등학교 재학 기간 중 본인이 의미를 두고 노력했던 교내 활동(3개 이내)을 통해 배우고 느낀 점을 중심으로 기술해 주시기 바랍니다. 단, 교외 활동 중 학교장의 허락을 받고 참여한 활동은 포함됩니다. (1500자)

타인에 공감하며 모두가 행복하자는 의미로 동아리 '라온제나'를 창설하여 친구들의 고민에 조언을 하는 '고민 먹는 우체통' 활동은 용기와 희망을 주는 공감의 중요성을 깨닫게 해 주었습니다. 1학년 심봉사 동아리 활동을 하며 이론에 치우쳐 실천을 하지 못해 아쉬웠던 것을 경험 삼아 실천을 통해 친구들에게 도움을 주는 동아리를 창설했습니다. 정규 동아리 인가를 위해 활동을 직접 기획하고 포스터 제작, PPT 발표 등 다양한 홍보 방법을 활용했습니다. '고민 먹는 우체통'의 설치가 다른 동아리와의 형평성에 어긋난다는 이유로 학교에서 반대하면서 난관에 부딪혔습니다. 사전에 동의를 구하지 않은 오류를 인정하고, 동아리의 취지와 학생들에게 미칠 긍정적 영향을 교감 선생님께 말씀드려 우체통을 설치할 수 있게 되었습니다. 무엇보다 고민에 대해 해결책을 제시하는 것에 걱정이 컸습니다. 그래서 책을 참고하여 친구들을 위로, 공감하고 조언을 해 주는 방식을 제안했습니다. 우체통에는 친구들의 진로, 친구 문제 등 다양한 고민들이 들어왔습니다. '확실한 장래희망을 정하지 못해 불안하다'는 고민에 '지금, 꿈이 없어도 괜찮아' 책 속에 검사로 살다가 늦은 나이에 꿈을 찾아 도전하는 사례와 '성급하게 직업을 정하는 것이 아니라 네가 뭘 좋아하는지 네 인생의 방향성을 찾는 것이 중요하다.'는 말을 인용하여 '성급히 정한 직업에 후회하지 않게 다양한 경험을 통해 자신이 어떤 삶을 살 건지 생각해 봐요'라고 답장을 하는 등 진심으로 공감해 주며 위로해 주는 답장을 보냈습니다. 자신을 이해해 주어 고맙다는 답장들을 받고, 공감이 가장 큰 위로와 응원이 된다는 걸 깨달았습니다. 이 활동을 하면서 전문적인 지식을 쌓아 아동, 청소년들의 최선의 가능성을 이끌어 내어 행복을 이끌어 주고 싶다는 포부를 가지게 되었습니다.

고민 먹는 우체통 활동 경험을 바탕으로 주제 연구 발표 대회에 참가했습니다. 동아리 활동을 하면서 알게 된 청소년의 가장 큰 고민은 진로 문제였습니다. 그래서 '진로 결정 과정에서 청소년들이 받는 스트레스와 해결 방안'을 주제로 설정했습니다. 진로 결정에 흥미를 가장 중요시하지만 자신이 좋아하는 것이 무엇인지 모르는 모순적인 상황을 알게 되었습니다. 그래서 진로 교육은 개개인의 흥미를 찾아 실천으로 이어질 수 있어야 하며 체험형 진로 교육의 비중을 높여야 한다는 결론을 도출하였습니다. 설문 조사 때, 진로에 대한 확신을 갖게 된 경로를 묻는 질문에 28퍼센트가 기타로 답변하였는데, 이것을 통해 설문 조사의 문항 설정의 중요함도 알게 되었습니다. 진로 문제의 해결 방안으로 진로 교육이 나아갈 방향을 제시하고 청소년들의 고민 해결에 적극적으로 나섰던 경험이어서 뿌듯했습니다. 《GRIT》이라는 책에는 재능보다는 환경을 뛰어넘는 열정과 끈기가 더 중요하다는 말이 나옵니다. 학기 초에 연구 주제를 설정하고 논문을 조사하고 설문 조사를 하며 12월에 발표까지 포기하고 싶은 순간도 많았습니다. 하지만 오랜 기간 노력하여 좋은 결과를 이뤄냈을 때 느꼈던 성취감이 앞으로 있을 많은 도전에도 큰 힘이 될 것이라고 생각합니다.

3. 학교 생활 중 배려, 나눔, 협력, 갈등 관리 등을 실천한 사례를 들고, 그 과정을 통해 배우고 느낀 점을 기술해 주시기 바랍니다. (1000자)

- 중략 -

2학년 때, 꽃동네에서 정신질환을 앓고 있는 병동에서 봉사 활동을 하게 되었습니다. 처음에는 경험해 보지 못한 환경과 사람들에 두려움을 느꼈지만 먼저 다가가니 따뜻하게 맞아 주셨습니다. 말벗 활동을 하며 '행복한 시간이 없다'는 말씀을 듣고 헤아릴 수 없는 상처의 깊이를 알게 되었습니다. 사소한 행복을 찾자고 위로하며 그러지 못한 제 자신도 반성했습니다. 처음에는 사회적 약자를 불쌍히 여기고 베풀어야 한다는 생각으로 참여했지만 상처받은 사람들의 아픔에 공감해 주고 함께 극복하여 더불어 사는 사회가 되어야 한다는 것을 깨달아 봉사 활동을 하는 마음가짐이 변화된 소중한 경험이었습니다. 백 마디의 말보다 한 번의 경험이 중요하듯 많은 사람들이 저와 같은 경험을 통해 편견을 없애 사회적 약자를 포용하는 사회가 되길 바라게 된 소중한 경험이었습니다.

4. 해당 모집 단위에 지원하게 된 동기와 지원하기 위해 노력한 과정을 구체적으로 기술하시오. (1500자)

진정한 행복은 개인의 강점을 찾고 계발하여 삶의 현장에서 활용함으로써 실현된다는《긍정심리학》책 속의 글을 읽고 아동, 청소년들의 상처를 위로해 주고 최대 강점을 찾아 진정한 행복을 찾아주고 싶었습니다. 또한 평소 학업 또는 교우 관계 문제 등 고민을 들어 주며 사소한 고민이 더 크게 다가오는 청소년기 심리에 큰 관심을 가지게 되었습니다. 따라서 저는 아동, 청소년들의 심리 전문가가 되기를 꿈꾸게 되었습니다.

다양한 인간을 이해하고 공감하는 능력을 키우기 위해 다양한 학교 활동에 적극 참여했습니다. 사회문화 시간에 세계화 시대에서 다문화에 대한 이해의 중요성을 인식하였습니다. 글로벌 사회로 성장하는 과정에서 획일적인 민족 중심 사고에서 벗어나 다양성을 수용하는 사고가 필요함을 느꼈습니다. 다양성을 인정하지 못하고 차별하는 문제 중 다문화 가정 아동의 학교 부적응 문제에 관심을 갖게 되었습니다. 따라서 '열정세원활동'에서 다문화 가정 아동의 따돌림 차별에 대한 영상 제작을 제안하였습니다. 그 과정에서 심리 파악자 역할을 하며 다문화 가정 아동의 행복을 증진시키는 방법으로 학교생활에서 좋은 경험을 만들어 주어 상처를 받았을 때 극복할 수 있는 힘의 필요성을 제시하였습니다. 이 활동을 통해 다문화 가정을 저와 상관없는 일로 보았던 이전과 달리 모두가 노력하여 그들과 함께 어울리는 사회가 되어야 한다고 생각하게 되었습니다. 따라서 발표회 때 학생들에게 보여 주어 다문화 가정 아동을 차별하는 문제에 경각심을 주었습니다. 3학년 법과 정치 시간에 아동 학대 특례법을 조사하여 보고서를 작성하며 아동 학대에 관심을 갖게 되었습니다. 처벌뿐만 아니라 가족 상담, 피해 아동의 심리 치료와 사전 예방으로서 아동 학대 예방 부모 교육이 함께 이루어져야만 재학대와 아동 학대의 대물림 문제를 해결할 수 있다고 생각하였습니다. 또한 '고민 먹는 우체통' 활동을 하면서 다양한 고민을 가진 청소년들을 만났고 소외 받은 아동과 같은 사회적 약자뿐만 아니라 평범한 청소년들도 고민이 많아 소통과 도움의 손길이 시급하다고 느꼈습니다. 다문화 가정의 아이들에서부터 아동 학대의 대상이 된 아이들, 평범한 청소년들에 이르기까지 그들의 입장에서 이해하며, 다양한 사람들에게 공감하는 능력을 키웠습니다. 인간을 공감하고 위로하는 활동들에서 행복을 느낀 저는 이를 저의 강점이라 생각하여 학문적으로 더 발전시키고자 심리학과를 희망합니다. 감기에 걸리면 가까운 내과를 찾듯 마음이 아플 때 쉽게 심리 상담을 접할 수 있도록 심리 상담의 대중화를 이끌어내고자 합니다. 경제적으로 부족한 아동, 청소년들이 쉽게 도움을 요청할 수 있게, 연세대학교 인재들과 네트워크를 결성하여 봉사하는 사회적 기업으로서의 심리 상담 센터를 만들고 싶습니다. 이와 같은 저의 꿈은 연세대학교가 지향하는 교육정신, 즉 학문의 분과 영역을 뛰어넘어 타 분야 연구자와 대화할 수 있는 능력인 창의적 사고력과 맞닿아 있다고 생각합니다. 저의 인간을 이해하고자 하는 노력과 행복에 대한 열정은 이런 연세대학교에서 배움을 실천하여 공감 문명에서 나눔을 실천하는 우수한 인재가 될 것을 자신합니다.

01. 인문계열 의류학과

- 고등학교 : 덕이고등학교 (경기도)
- 대학 및 학과 : 숙명여자대학교 생활과학대학 의류학과
- 학번 : 19학번

◆ 내신 등급

구분	1학년		2학년		3학년	평균
	1학기	2학기	1학기	2학기	1학기	
전 과목	2.3	2.1	2.5	2.1	2.0	2.2
국영수탐	2.5	2.3	2.0	1.4	1.4	1.92

◆ 모의고사 및 수능 등급

과목	국어	영어	수학	탐1	탐2
6모평	1	2	2	2	2
9모평	2	2	2	2	2
수능	2	2	3	1	2

◆ 수시 합격/불합격 결과

대학	학과(부)	전형	합/불	비고
서울여자대학교	패션산업학과	학생부 종합	합	
성신여자대학교	의류산업학과	학생부 종합	합	4년 장학금
숙명여자대학교	의류학과	학생부 종합	합	
경희대학교	의상학과	학생부 종합	불(1차 합격)	
명지대학교	경영학과	학생부 교과	합	
아주대학교	경영학과	학생부 교과	합	

◆ 비교과 활동

(1) 자율활동

학년		주요 활동
1학년	1학기	전교 학생 자치회 학생의견수렴부 차장 및 학급 부회장 및 1학년 부대표로 흡연예방캠페인, 현장체험학습 등의 행사를 이끈 것.
	2학기	전교 학생자치회 학생의견수렴부 차장 및 학급 부회장 및 1학년 부대표로 대학수학능력시험 응원, 학급별 합창 행사 등을 이끈 것.
2학년	1학기	전교 학생자치회 학생의견수렴부 차장으로서 학생들의 학교생활 중 건의 사항을 여론 조사를 통해 수렴, 개선 방안 협의, 흡연예방캠페인, 학교폭력 예방캠페인 진행. 학급 부회장, 2학년 부대표로 현장체험학습 행사를 이끈 것.
	2학기	전교 학생 자치회 학생의견수렴부 부장으로서 학생들의 학교 생활 중 건의 사항을 여론 조사를 통해 수렴, 개선방안 협의, 교복바르게입기 캠페인, 대학수학능력시험 응원 행사 진행. 동아리 발표회 사회자로 행사 기획 및 진행. 코너 '복면 덕이'의 준비물인 복면 제작. 학급 부회장, 2학년 부대표로 학급별 합창 행사를 이끈 것. 자치 법정 배심원 역할 수행.
3학년	1학기	전교 학생자치회 학생의견수렴부 부장으로서 학생들의 학교생활 중 건의 사항을 여론 조사를 통해 수렴, 개선 방안 협의, 통계 보고서 작성, 교칙 개정(생활복 바지에 대한 시안 제작), 실내화 나눔 행사 진행, 학급 부회장으로 학급을 이끈 것.

(2) 동아리활동

학년	동아리	활동 내용
1학년	솔리언 또래 상담	상담 활동 교육, 점심시간마다 위클래스 상담 도우미 봉사
	다문화와 아동 봉사	한울타리 지역 아동 센터와 연계하여 봉사 활동, 다문화 차별 방지 포스터 디자인, 아동 봉사와 다문화 교육을 접목하여 아이들에게 여러 나라의 의상 설명 및 의상 모양 열쇠고리 제작

2학년	미술부	전시회 관람에서 패션과 관련지어 작품을 진지하게 관람, 진로 체험의 날에 패션디자인, 컬러리스트, 패션스타일리스트 체험을 통해 진로에 대해 구체화, 환경 관련 일러스트레이션 작품 제작
	디자인창작부	동아리 차장으로 활동. 보그 라이트어 페인팅 전시회 관람 후 현대 미술과 패션을 접목한 분석 보고서 작성, 발표 진행, 동아리 발표회 때 작품 전시
3학년	우리를 바꾸는 시간	패션 에디터와 잡지 미디어에 대한 지식 나눔 참여, 발표 활동
	사회현상 연구토론반	자신의 진로인 패션에디터에 대한 전망 예측과 함께 IT기업 애플의 디지털잡지 플랫폼 '텍스처' 인수에 관한 보고서 작성, 잡지 구독자 수 감소를 주제로 토론함
	패션분석잡지부	동아리 부장으로 활동. 패션 트렌드 분석, 의류 디자인 및 생산 속도의 가속화 현상에 대한 여러 기사 및 분석 보고서 작성

(3) 봉사활동

학년	장소/주관 기관	활동 내용	누계 시간
1학년	덕이고등학교, 한겨레통일문화재단, 주보라의 집, 겨자씨사랑의 집	학생 자치회 활동, 또래중조활동(위클래스 프로그램 운영 도우미), 환경 정화 활동, 대학수학능력시험 응원 물품 제작 및 응원 도우미, 졸업식 행사 도우미, 급식 도우미(중식) 활동, 또래 멘토링의 사회 과목 멘토 활동, 장애인 직업 생활 보조, 북한어린이돕기 캠페인 활동, 장애인 식사 도우미 및 이동 도우미 등	74
2학년	덕이고등학교, 노블케어 중산점	학생 자치회 활동, 환경 정화 활동, 대학수학능력시험 응원 물품 제작 및 응원 도우미, 졸업식 행사 도우미, 급식 도우미(중식)활동, 또 래멘토링의 동아시아사 과목 멘토 활동, 학생 자치 법정 활동, 학교폭력예방캠페인 활동, 성찰 도우미 활동, 장애인 생활 지원 등	75
3학년	덕이고등학교, 고양시립덕이도서관	서가 정리 자원봉사, 환경 정화 활동 등	10

(4) 독서활동

학년	과목/영역	책 제목
1학년	국어	처음처럼
	수학	범죄 수학
	영어	앵무새 죽이기(원서)
	사회	팝콘을 먹는 동안 일어나는 일
	한국사	조선왕조실톡
	과학	처음 읽는 우주의 역사
	미술창작	쇼킹 라이프, 마리끌레르 2014 S/S 패션쇼, 20세기 패션 아이콘
2학년	문학	토론의 힘
	공통	꿈으로 돌파하라, 그릿IQ, 재능, 환경을 뛰어넘는 열정적 끈기의 힘, 리더의 조건, 샤넬 미술관에 가다, 현대 패션 110년, 스타일을 읽는다, 휴 그랜트도 모르면서, 워너비 윈투어, 한국의 패션 저널리즘, MT 의류학, 잡지 기자 클리닉, 10대와 통하는 미디어
3학년	세계지리	세계축제 100
	공통	붉은색의 베르사체 회색의 아르마니, 팬톤, 팬톤 온 패션, 패션 시장을 지배하라, 패션브랜드와 커뮤니케이션, 나는 왜 패션을 사랑하는가, 우리 옷 이천 년, 한 권으로 정리하는 4차 산업혁명, 콘텐츠가 왕이라면 컨텍스트는 신이다, 아마존 미래 전략 2022

◆ 자기소개서

1. 고등학교 재학 기간 중 학업에 기울인 노력과 학습 경험을 통해 배우고 느낀 점을 중심으로 기술해 주시기 바랍니다. (1000자)

고교 3년간 제가 가장 중요하게 생각했던 것은 '소통'입니다. 어릴 때부터 호기심이 많아 무언가를 배우면 늘 '왜?'라는 질문을 던졌고, 의문을 해결하며 새로운 사실을 깨닫는 과정이 좋았습니다. 모든 수업 시간에 선생님과 눈을 마주치며 적극적으로 참여했지만 그중 가장 활발히 참여한 과목은 국어였습니다. 평소 패션 에디터라는 진로를 위해 패션 분석 기사를 작성했던 저는 문법적 오류에 대해 의문이 많이 들었고 그 의문은 독서와 문법 수업까지 이어졌습니다. 일상에서 쓰는 단어들을 문법 개념과 연결해 공부하던 중, 왜 '인사말'은 사잇소리 현상의 영향을 받지 않는지 의문이 들어 국어 선생님께 질문했습니다. 이후 설명을 들은 내용을 완벽히 이해하기 위해 다른 예시도 찾아 보았고 친구들에게 따로 설명해 줄 만큼 질문을 통해 문법 실력이 많이 향상됐습니다.

선생님과의 소통은 교내 자율 동아리 패션분석잡지부에서 패션 분석 기사를 작성할 때도 도움이 되었습니다. 제가 보던 패션 잡지에는 일반 독자들이 이해하기 어려운 '애슬레저 룩, 오트쿠튀르, 맥시멀리즘' 같은 전문 용어가 설명 없이 사용되고 있었습니다. 이때, 독자와의 소통을 중시했던 저는 '어떻게 해야 비전문가인 독자도 이해하기 쉬운 기사가 될 수 있을까?' 하는 의문이 들었습니다. 이를 국어 선생님께 질문했고 선생님께서는 효과적인 방안을 위해 함께 고민해 주셨습니다. 저는 선생님의 조언을 바탕으로 각주를 달아 기사를 바꿔 써 보았습니다. 전문 용어만 가득했던 원래의 기사와 제가 수정한 기사를 비교해 발표하자, 부원들은 제 기사가 패션에 생소한 독자들도 읽기 쉬울 것 같다며 좋아했습니다. 소통을 중시하던 저는 독자의 눈높이에 맞춘 기사를 작성함으로써 소통하는 패션 에디터로 성장하고자 다짐했습니다. 이처럼 쓰면서 의문이 든 기사의 전개와 문법을 선생님께 질문하고 조언을 받으며 제 꿈에 다가갈 수 있었습니다.

2. 고등학교 재학 기간 중 본인이 의미를 두고 노력했던 교내 활동(3개 이내)을 통해 배우고 느낀 점을 중심으로 기술해 주시기 바랍니다. 단, 교외 활동 중 학교장의 허락을 받고 참여한 활동은 포함됩니다. (1500자)

"요즘 패션 잡지도 많이 폐간되던데 그럼 패션 에디터는 어떻게 되는 거야?" 진로에 대해 발표한 문학 시간, 제 진로에 누구보다 확고하던 저는 친구의 질문에 당황했습니다. 패션 감각을 키우는 활동에만 집중해 정작 현실은 부정했던 저 자신을 반성했고, 지금이라도 제 미래를 확신하고 싶었습니다. 우선 잡지의 판매 부수 변화와 폐간 등을 조사해 현 상황을 분석했습니다. 이 내용을 바탕으로 독서와 문법 시간에 '잡지사의 미래와 위기 극복 방법'이라는 주제로 논설문을 작성했습니다. 제가 생각한 위기 극복 방법 중 핵심은 '독자와의 소통을 활성화하기 위한 디지털과 아날로그의 융합'이었습니다. 아날로그 잡지의 콘텐츠는 그대로 두되, 잡지사 홈페이지, 앱 등 디지털 공간을 이용해 독자의 요구를 더 빠르게 반영해야 한다고 생각했습니다. 이를 통해 독자가 원하는 다양한 콘텐츠를 제시하고, 소통하며 잡지를 만들어 간다면 잡지는 패션 산업을 활성화하는 매체가 될 수 있다고 보았습니다. 처음엔 친구의 질문에 의문이 들어 답을 찾기 위해 시작했지만, 점차 호기심이 생겨 패션계의 미래까지 연구하고 싶다는 생각이 들었습니다.

잡지 구독률 감소 원인을 접근성 부족이라 판단한 저는 '잡지를 지금보다 더 쉽게 접하는 방법은 무엇일까?' 하는 의문이 들었습니다. 저처럼 패션과 잡지에 관심 있는 사람들은 구성을 비교하며 구독하는 것을 즐겼지만 잡지를 처음 접하는 이들에게는 이 과정이 불편할 수 있겠다는 생각이 들었습니다. 제가 찾은 해답은 'IT 기업과 잡지의 협력을 통한 패션 산업의 활성화'였습니다. 이후 적합한 사례를 발견했고, 자율 동아리 '사회현상 연구 토론반'에서 '애플'의 디지털 잡지 플랫폼 '텍스처' 인수를 보고서로 작성했습니다. 애플이 '잡지'라는 미디어와 '모바일 앱'이라는 소프트웨어를 통합한 것은 독자와의 소통을 우선시하는 제 가치관에도 부합했습니다. 저는 부원들에게 IT 기업과의 융합을 국내에도 적용하여 잡지의 접근성 한계를 극복하고 싶다고 발표했습니다. 열띤 토론 후, 부원들의 반응 또한 개별 구독 없이 앱으로 다양한 잡지를 볼 수 있어 편리할 것이라며 큰 관심을 보였습니다. 이렇게 서로 의견을 주고받으며 토론하다 보니 제 시야도 더 넓어졌습니다.

'콘텐츠는 왕, 컨텍스트는 신!' 3학년 영어 시간, 교재에 나온 지문을 자신의 꿈과 연결 지어 발표하는 활동이 있었습니다. 저는 이때 IT, 미디어를 패션 산업과 연결해 패션 에디터와 독자, 패션 기업과 소비자 사이 쌍방향 소통의 필요성을 설명했습니다. 저는 스티치픽스, 아마존 워드로브 등 컨텍스트를 이용해 패션 업계를 선도하는 기업 사례를 보여 주며 컨텍스트가 패션 산업의 핵심임을 강조했습니다. 복잡한 '컨텍스트'의 개념을 사례를 통해 쉽게 전달할 수 있어서 뿌듯했고, 컨텍스트에 큰 가능성을 느꼈습니다. 이후 저는 관련 서적을 찾다가 《콘텐츠가 왕이라면 컨텍스트는 신이다》라는 책을 접했습니다. 이 책을 통해 4차 산업 혁명 시대에서 컨텍스트를 이용해 패션 산업을 활성화하는 패션 에디터가 되고 싶다는 목표를 세울 수 있었습니다.

3. 학교 생활 중 배려, 나눔, 협력, 갈등 관리 등을 실천한 사례를 들고, 그 과정을 통해 배우고 느낀 점을 기술해 주시기 바랍니다. (1000자)

제게 학생회란 갈등과 협력이 동시에 일어나는 역설적인 공간이자 소통의 중요성을 깨달은 공간입니다. 저는 선생님, 학생 모두와 소통하자는 목표로 3년간 학생 자치회 의견 수렴부에서 활동했습니다. 늘 학생의 대변인이라는 책임감으로 임했으며 교복 개정을 통해 생활복과 체육복 디자인을 바꾸거나 우산 대여 사업을 추진하는 등 여론 조사를 통해 학생들의 건의 사항을 학교에 반영하는 역할을 했습니다.

2학년 때, 제가 학생회 일원으로서 주도적으로 참여했던 동아리 발표회가 중단될 뻔한 큰 사건이 있었습니다. 저는 전년도 축제 진행 경험을 바탕으로 부족한 점을 보충하기 위해 설문 조사를 했고 학생들은 직접 참여할 수 있는 축제를 원한다는 것을 알았습니다. 축제 사회자로서 학생들이 문자 투표로 직접 우승자를 뽑는 '복면가왕' 코너를 기획했고 진행을 위해 열심히 뛰어다녔습니다. 촉박한 기간이 부담됐지만, 학생회의 협력 덕에 순조롭게 진행되는 것 같았습니다. 하지만 축제 전날, 주문 제작한 복면이 관리 담당의 실수로 망가지는 사건이 있었습니다. 이후, 모두가 비난의 화살을 관리 담당에게 돌리며 점점 갈등이 깊어졌습니다. 저 역시 실망이 컸지만, 이럴 때일수록 빨리 위기를 극복해야 한다는 생각이 들었습니다. 우선 학생회 개개인에게 찾아가 관리 담당의 잘못이 아닌, 전체를 다 신경쓰지 못한 제 불찰이라며 사과했고 힘들었던 점을 경청하며 달래 주었습니다. 또 지금까지 도와준 덕에 여기까지 해낼 수 있었다며 고마움을 전한 후, 저부터 나서서 폐지를 재활용해 복면을 만들었습니다. 제가 진심으로 다가가자 불만을 토하던 친구들도 마음의 문을 열고 다시 힘을 합쳤고 오히려 계획에 없었던 의상을 주인 없는 담요 등으로 제작했습니다. 학생회 전체가 협력해 축제일 새벽까지 열심히 준비했고 축제를 성공적으로 마칠 수 있었습니다. 우여곡절도 많았지만, 눈앞에 닥친 위기를 소통과 대화로 해결하면서 한 단계 성장할 수 있었습니다. 이렇듯 학생회는 본격적인 사회생활 전, 작은 사회를 경험할 수 있던 뜻깊은 기회였습니다.

4. 지원 동기와 지원 분야의 진로 계획을 적고, 이를 위해 어떠한 노력과 준비를 해 왔는지 기술해 주시기 바랍니다. 단, 진로 계획을 위한 노력과 준비는 교내 활동을 중심으로 작성하며, 교외 활동 중 학교장 허락을 받고 참여한 활동은 작성 가능합니다. (1000자)

'소통하는 패션 에디터' 처음엔 추상적인 목표였지만 고교 3년간 다양한 활동을 통해 비로소 확고해진 제 꿈입니다. 2학년 때, 한 대학생이 장애인 지원 프로그램에서 자신의 코디 재능으로 시각 장애인과 소통하며 쇼핑을 도왔다는 인터뷰 기사를 본 적이 있습니다. 저 또한 어릴 때부터 인형 옷을 만들어 나눔을 실천하다 옷에 애정을 느껴 의류학 전공을 결심했기에, 더 이야기를 듣고 싶어 그분께 메일로 자세히 여쭤보았습니다. 알고 보니 숙명여대 의류학과에 재학 중이셨고, 패션학도를 꿈꾸던 저는 그때부터 다양한 연계프로그램이 있는 숙명여대 진학을 진로 목표로 정했습니다.

1학년 때는 유행 분석하기나 의상 코디 등 혼자 할 수 있는 단편적인 활동을 했습니다. 그러다 평소 패션 잡지를 보거나 유행 분석을 좋아하던 저는 유행을 선도하고 독자에게 전달하며 패션계를 활성화하는 패션 에디터가 지닌 융합 능력의 매력에 빠져들었습니다. 2학년이 되어서는 자율 동아리 디자인창작부의 패션 담당으로서 보그 전시회에서 영감을 받아 디자인한 오트 쿠튀르 드레스와 제가 쓴 패션 분석 기사를 동아리 발표회 때 전시했습니다. 제 작품을 보고 패션을 공부하고 싶은 친구들이 생겨나 3학년 때는 패션분석잡지부를 조직해 패션 잡지를 제작하고, 룩북을 촬영해 유튜브에 올리거나 페이스북으로 코디 상담을 해 주는 등 미디어를 접목한 다양한 활동을 시도했습니다.

이렇게 저는 의류에 대한 열정과 제 진로의 미래에 의문을 품은 덕에 점차 패션계 전체의 미래까지도 고민해 보게 되었습니다. 이런 노력을 바탕으로 저는 숙명여대 의류학과에 진학해 국내외의 의류 산업 발달을 주도할 융합적인 글로벌 인재로 성장하겠습니다. 다양한 분야와 관련 있는 진로인 만큼, 학과에서 배운 지식을 패션에 응용하고 제가 지금껏 분석해 온 소비자와 독자의 관점에서 소통하고자 합니다. 훌륭하신 교수님들과의 멘토링 프로그램이 활발한 숙명여대에서 '4차 산업 혁명 시대에 컨텍스트를 이용하여 모든 분야와 소통하는 세계적인 패션 에디터'라는 제 꿈을 꼭 이루고 싶습니다.

02. 자연계열 건축학과

- 고등학교: 저현고등학교 (경기도)
- 대학 및 학과 : 성균관대학교 건축학과
- 학번 : 20학번

◆ 내신 등급

구분	1학년		2학년		3학년	평균
	1학기	2학기	1학기	2학기	1학기	
전 과목	2.2	2.1	2.1	2.1	1.9	2.0
국영수탐	2.0	1.9	1.7	1.9	1.9	1.8

◆ 모의고사 및 수능 등급

과목	국어	영어	수학	탐1	탐2
6모평	3	1	2		
9모평	2	2	1		
수능	1	2	3		

◆ 수시 합격/불합격 결과

대학	학과(부)	전형	합/불	비고
홍익대학교	건축학과	학종	불	
경희대학교	건축학과	학종	불	(성대 추합 이후 조회해 보지 않았지만, 아마도 불합일 것 같습니다)
성균관대학교	건축학과	학종	합	2차 추합
성균관대학교	공학계열	학종	불	
연세대학교	건축공학과	학종	불	
고려대학교	건축학부	학종	불	

◆ 비교과 활동

(1) 자율활동

학년		주요 활동
1학년	1학기	학생회 활동
	2학기	
2학년	1학기	
	2학기	학생회 활동
3학년	1학기	학생회 활동

(2) 동아리활동

학년	동아리	활동내용
1학년	반크(VANK)	다양한 주제의 국제적 이슈에 관한 토론과 모의 UN 활동
2학년	의과학 동아리: 코드블랙	의학 과학 분야에서 사용되는 다양한 실험 및 부스 활동
3학년	과학독서토론 동아리	한 반 전체가 소속되어 활동

(3) 봉사활동

학년	장소/주관 기관	활동 내용	누계 시간
1학년	교내	아침 등교 시간 교통 질서 활동 보조 / 에너지 관리 도우미 / 아침 등교 시간 환경 정화 / 세월호 추모 캠페인	26
2학년	교내	멀티 도우미 / 아침 교통 지도 / 중식 지도 / 학교 주변 환경 활동 / 학습 부진 친구들을 위한 학습 멘토링 활동 / 제23회 고양꿈돌이 과학, 진로 페스티벌 과학 부스 운영	41
3학년	교내	에너지 지킴이 / 봉사 활동 사전 교육 / 교내 환경 정화 활동	72시간

(4) 독서활동

학년	과목/영역	책 제목
1학년	국어2	독 짓는 늙은이, 모래톱 이야기
	수학2	수학의 언어로 세상을 본다면
	영어1	Who Moved My Cheese?, Who Was Claude Monet?
	공통	모든 관계는 말투에서 시작된다, 언어의 온도, 시간을 짓는 공간
2학년	문학	기억 파단자
	독서와문법	최선의 삶, 13월
	기하와벡터	길 위의 수학자
	미적분1	세상을 바꾼 다섯 개의 수 넘버스
	미적분2	미적분으로 바라본 하루
	물리1	아인슈타인의 생각실험실2 / 슈뢰딩거의 고양이
	화학1	미술관에 간 화학자
	공통	건축수업(건축물로 읽는 서양 근대건축사), 건축가 서현의 세모난 집 짓기, 과학 원리로 재밌게 풀어 본 건축물의 구조 이야기, 정답을 넘어서는 토론학교 과학, 건축, 음악처럼 듣고 미술처럼 보다., 보이지 않는 건축 움직이는 도시, 선물
3학년	자연통합수학	아름다움은 왜 진리인가
	물리2	공학이란 무엇인가
	지구과학2	모든 사람을 위한 지진 이야기
	공통	행복의 건축, 인어가 잠든 집

◆ 자기소개서

1. 고등학교 재학 기간 중 학업에 기울인 노력과 학습 경험을 통해 배우고 느낀 점을 중심으로 기술해 주시기 바랍니다.(1000자)

저는 중학교 때부터 건축가를 목표로 해 왔고 건축가는 공간을 설계하기 위해서 복잡한 계산을 할 수 있는 능력과 수학적 사고력이 필수적이라고 생각했기 때문에, 고등학교에서는 수학 공부에 힘썼습니다. 1학년 첫 시험에서는 4등급을 받았지만, 아침과 저녁 학교 자율 학습 시간과 방과 후 수학 수업을 통해서, 1학년 수학의 기초를 다지기 위해 노력했고 수학 성적은 점차 오르기 시작했습니다. 2학년이 되어서는 미적분에서 모두 2등급, 기하와 벡터, 확률과 통계에서 모두 1등급을 받으며, 나름 만족할 결과를 얻었습니다. 그러나 미적분 과목은 일정 수준까지는 성적이 올랐지만, 어느 순간 벽에 막힌 듯한 느낌이 들었고, 이것은 미적분에 관한 관심과 이해가 부족하기 때문이라고 생각해서, 《미적분으로 바라본 하루》를 읽으며 실생활 속 미적분의 원리에 관해서 탐구하고, 이해도를 높였습니다. 책을 읽은 후 미적분은 단순한 수학이 아니라 과학과 공학까지도 연장되며 우리 삶 속에서 많은 역할을 하고 있음을 깨닫고, 지금까지 학습 자세를 반성하며 마음가짐을 달리해, 3학년 때는 통합수학에서 1등급을 받을 수 있었습니다.

2016년 경주 지진에 이어, 2017년에도 규모 5 이상의 지진이 포항에서 발생했습니다. 이것은 우리나라가 이제는 지진에 있어서 안전지대가 아니라는 것을 확인하는 계기가 되었고, 사람들이 생활하는 건축물은 내진 설계가 필요하며, 이미 지어진 건물들도 내진 보강을 해야 한다는 생각에, 지구과학Ⅱ 시간에 지진과 내진 설계에 관한 탐구 보고서를 제출했습니다. 지진의 발생 원인과 그 위험성에 대해 깨달으면서 우리나라 건물들의 내진 설계의 필요성을 다시 느꼈습니다. 또한, 내구성을 증가시키는 내진 구조, 땅의 진동과 반대 방향으로 힘을 작용해 건물의 진동을 막는 재진 구조, 특수한 바닥재를 깐 뒤 건물을 쌓아 지진력을 감소시키는 면진 구조의 설계 방식을 공부하였고, 후에 건축 설계 현장으로 진출하였을 때, 3가지 내진 설계 방식에 대해 충분한 이해를 하고 설계를 진행하자 다짐했습니다.

2. 고등학교 재학 기간 중 본인이 의미를 두고 노력했던 교내 활동(3개 이내)을 통해 배우고 느낀 점을 중심으로 기술해 주시기 바랍니다. 단, 교외 활동 중 학교장의 허락을 받고 참여한 활동은 포함됩니다. (1500자)

창의 과학 수업 시간에 건축 분야에 관한 이해도를 높이기 위해 제가 속한 조에서 과학이 유발하는 사회적 문제 및 인구 문제에 관한 토론을 주도해 진행했습니다. 토론 과정에서 저는 전 세계의 인구는 계속해서 증가하고 있으므로 이대로라면, 인간이 살 수 있는 땅이 부족하게 될 것이므로 육지가 아닌 새로운 거주지를 개발해야 한다고 주장했습니다. 그중에서도 바다를 무궁무진한 자원과 에너지가 활용되기를 기다리고 있는 가장 유력한 인류의 새로운 보금자리라고 생각했고, 토론에서 해저 도시 개발의 필요성을 주장했습니다. 하지만 토론에서 현실성이 부족하다는 피드백을 받았고, 인류 거주지 확장의 꿈을 실현하기 위한 기술과 현실적 방안에 관한 궁금증이 생겼습니다. 그래서 토론 이후 자유 주제로 선정하여 탐구 발표를 준비했습니다. 준비 과정에서 NASA에서 기획한 '3D Printed Habitat Challenge'와 일본 시미즈 건설에서 계획한 해저 도시, 오션 스파이럴에 대해서 알게 됐습니다. NASA의 화성에 집 짓기 공모전에서 아이스 하우스(ice house) 팀의 작품과 일본 시미즈 건설의 오션 스파이럴은 인류의 영역을 확장하고 싶다는 제 꿈에 희망을 주었습니다. 아이스 하우스 팀은 대량의 얼음이 매장되어 있을 것으로 생각하는 화성의

북쪽 지역에 3D프린터와 얼음을 이용한 '얼음벽'으로 이루어진 집을 고안해 냈습니다. 일본의 시미즈 건설은 해양의 풍부한 자원을 이용할 수 있도록, 표층수 온도로 작동 유체를 기화시켜 터빈을 돌리고 심층수 온도로 다시 액화시키는 해양 온도차 발전을 이용해 5천 명의 인구가 거주할 수 있는 해저 도시를 계획했습니다. 이와 같은 현실적인 인류의 거주지 확장에 관해서 탐구하면서, '육지'라는 고정 관념을 버리고 보다 창의적인 아이디어를 그리는 능력을 키웠습니다. 또한, 앞으로 남은 21세기, 화성과 바다를 비롯해 다른 환경까지도 건축의 영역을 확장하면서, 인류의 새로운 주거지를 책임지는 건축가를 목표로 하게 되었습니다.

건축에 관해서 저 혼자만의 생각에서 벗어나 다른 친구들과 심화 내용을 다루어 보고 싶었기 때문에 건축에 관심이 있는 친구들과 건축 자율 동아리 파르티(Parti)를 만들었습니다. 파르티는 건물의 아름다움에만 집중하지 않고, 현대 사회에서 건물이 가져야 할 기능에 관해 탐구해야 한다고 생각했습니다. 그래서 건축 학교 프로그램 활동을 바탕으로 사회적인 문제들을 '건축적으로' 해결하기 위한 토론을 진행했고 그 내용을 학술제에서 전시했습니다. 저는 미세먼지를 해결하기 위한 물의 벽이 감싸고 있는 수중 도시와 식량 문제 해결을 위한 도시 중심에 피라미드 형태의 농작물 타워를 세우는 방안을 생각해냈습니다. 이렇게 사회적 문제의 건축적인 해결 방안을 고안하면서, 건축이 단순한 주거지 이상의 기능을 하고 있음을 깨달았고, 앞으로도 다가올 우리 미래의 문제들을 해결하는 데 필요한 사고 능력을 키웠습니다. 이런 경험과 능력은 대학교에서 교육을 받고 사회에 나가게 되었을 때, 국제 사회에 이바지할 수 있는 밑바탕이 되었다고 느꼈습니다.

3. 학교생활 중 배려, 나눔, 협력, 갈등 관리 등을 실천한 사례를 들고, 그 과정을 통해 배우고 느낀 점을 기술해 주시기 바랍니다. (1000자)

저는 8기 학생자치회 임원으로 활동했습니다. 광복절을 맞아 광복절을 기념하는 포스터 제작을 맡아 진행하게 된 적이 있습니다. 저를 포함한 두 명이 함께 포스터 제작을 하기로 되어 있었습니다. 둘이 분업하여 진행하면 금방 끝날 일이었지만, 마감 시간이 다 되어 가는데도, 앞부분을 진행하여 보내주기로 했던 친구에게 연락이 없었습니다. 포스터가 한 장도 아니고 서로 다른 디자인으로 여러 장을 만들어야 했기 때문에, 남은 시간 동안 처음부터 다시 시작해서 포스터를 완성하기에는 무리가 있었습니다. 저도 제 개인 시간을 내서 학생회 일을 하는 것인데, 같이 일을 진행하는 친구가 사적인 이유로 학생회 일을 뒤로 미루는 것 같아 분하기도 하고 억울하기도 했습니다. 결국, 혼자 포스터를 초안부터 다시 만들고 있을 때, 친구에게 연락이 왔습니다. 친구 이야기를 들어보니 집안 사정이 있었고, 핸드폰도 뺏겨 연락할 수단이 없었던 것이었습니다. 친구의 사정을 들은 후에, 알지도 못하고 속으로 비난했던 스스로가 너무 부끄러웠고, 다시는 상대방의 이야기를 들어 보지 않고 상황을 멋대로 판단하지 않겠다 다짐했습니다. 이후 포스터는 협력해서 잘 만들어 성공적으로 광복절을 기념할 수 있었습니다.

처음 파르티를 구성했을 때, 동아리 활동 방향에 대해 부원들의 생각이 제각각이었습니다. 외부활동, 모형 만들기, 구체적인 조사와 토론 등 각자 하고 싶은 것들이 모두 달랐고, 모형을 만들 때도 원하는 방향성이 달랐습니다. 정해진 기한 내에 보고서 제출을 해야 해서 동아리는 큰 위기였습니다. 저는 동아리를 만든 동아리 차장으로서 동아리를 하나로 뭉치기 위해 해결책을 마련했습니다. 동아리 활동은 각 부원이 원하는 활동을 최소 한 번씩은 진행했고, 그 이상으로 원하는 것은 다수결 투표로 결정했습니다. 부원들이 원하는 활동이 많았지만, 최소 한 달마다 활동을 진행하도록 주도하면서 타 동아리와 비교해 많은 활동을 할 수 있는 시간을 확보했습니다. 덕분에 이후 파르티는 불만 없이 활동을 진행할 수 있었습니다.

4. 다음 중 하나를 선택하여 기술해 주시기 바랍니다.
- 본인의 성장 환경 및 경험이 자신에게 미친 영향
- 지원 동기 및 진로를 위해 노력한 부분
- 본인에게 영향을 미친 유 무형의 콘텐츠(인물, 책, 영화, 음악, 사진, 공연 등)
(1000자)

중학교 2학년 무렵 여름 방학 숙제를 위해 찾아간 미술관에서 건축 전시회를 보고 건축에 관심을 두기 시작했습니다. 평소에 보지 못했던 아름다운 모습에 반했고 고등학교 입학 전까지는 건물의 아름다움에 집중했습니다. 그러나 입학 후, 건물은 아름다움이 다가 아니라는 것을 깨달았습니다. 지구 온난화가 계속되고 그로 인한 사막화, 미세먼지 문제도 심각해지고 있다는 것을 느끼고, 건물의 기능도 중요하다고 생각했습니다. 그 때문에 자연과 어우러진 친환경 주거 단지를 설계하여 지구 온난화를 늦추고, 앞으로 예전의 아름다운 지구의 모습을 되찾도록 이바지하는 것이 목표입니다. 환경과 인간의 관계를 통해 인간의 쾌적한 삶을 목표로 하는 성균관대학교가 제 목표를 이루기에 제격이라 생각했기 때문에 지원하게 되었습니다.

'아이디어가 떠올랐다면, 단점부터 고민해 보세요' 고등학교 1학년, 학교에서 메이저리그 전공 체험을 진행했을 때 만난 건축학과 선배님이 해 주신 말씀입니다. 저는 그 말을 적어 놓고, 자연과 어우러질 수 있는 건축에 관해 고민할 때마다 떠오르는 아이디어의 단점을 생각해 보곤 했습니다. 건축 폐기물로 인한 환경 오염 문제에 관한 고민을 할 땐, 해결 방안을 고민하던 중 '이동식 주택이라면?' 하는 생각이 떠올랐지만, 단점을 고려해 보니 이동식 주택은 고층으로 짓기 힘들고, 우리나라는 도로가 좁은 곳이 많아 일부 지역에서만 실천할 수 있다는 문제점이 있었습니다. 그렇기에 철거를 하면서 적은 폐기물을 발생시키는 방법을 고안했고, 그때 영어 시간에 흙벽에 관한 지문을 알게 됐습니다. 흙벽은 건물을 철거해도 폐기물의 양을 줄일 수 있다고 생각해 흙벽에 관한 심화 주제 발표를 진행했습니다. 아이디어의 단점을 찾으며 수정해 나가는 경험을 통해, 후에 설계 문제를 직면했을 때, 비판적인 사고를 통해 최적의 답을 찾기 위한 노력을 했습니다. 또한, 계속해서 아이디어를 수정하는 것은 창의적인 발상을 하는 것과도 직결되었고 건축가로서 국제 사회에 이바지하기 위한 첫걸음이라고 생각합니다.

02. 자연계열 건축공학과

- 고등학교 : 경원고등학교 (경남)
- 대학 및 학과 : 경희대학교 건축공학과
- 학번 : 19학번

◆ 내신 등급

구분	1학년		2학년		3학년	평균
	1학기	2학기	1학기	2학기	1학기	
전 과목	2.3	2.5	2.6	2.5	2.6	2.5
국영수탐	2.4	2.4	2.3	2.4	2.7	2.44

◆ 모의고사 및 수능 등급

과목	국어	영어	수학	탐1	탐2
6모평	4	4	1	4	3
9모평	4	3	2	3	4
수능	5	4	1	5	5

◆ 수시 합격/불합격 결과

대학	학과(부)	전형	합/불	비고
경희대학교	건축공학과	학생부종합	합	최초합
건국대학교	건축공학과	학생부종합	불	
부산대학교	건축공학과	학생부종합	불	예비 7번
부경대학교	건축공학과	학생부종합	합	최초합
부경대학교	건축공학과	학생부교과	합	최초합
경상대학교	건축도시토목공학과	학생부교과	합	30% 장학금

◆ 비교과 활동

(1) 자율활동

학년		주요 활동
1학년	1학기	자기 주도적 스터디 그룹 활동(수학)
	2학기	자기 주도적 스터디 그룹 활동(과탐 영역)
2학년	1학기	주제 연구(카페인과 곰팡이의 연관성)
	2학기	주제 연구(우산이 아치 모양을 고집하는 이유)
3학년	1학기	.

(2) 동아리활동

학년	동아리	활동 내용
1학년	아고라 (토론)	주된 동아리 활동은 토론 동아리 활동을 하였음. 사회자가 없는 퍼블릭 포럼 디베이트 방식으로 진행되는데 이를 통하여 주도적으로 토론을 진행하는 방법을 배움.
	CPR (의료봉사 동아리)	1학년 진로 희망이 의료계열과 관련되어 있었기 때문에 친구들과 의료 봉사 동아리를 만들고 가입하여 활동함. 주로 요양 병원에 가서 할머니, 할아버지 분들의 말동무가 되어 드리고 다양한 활동을 함.
2학년	아고라 (토론)	2학년이 되면서 진로가 바뀌어 의료 봉사 동아리는 탈퇴하게 됨. 주된 동아리였던 토론 동아리를 계속하게 되었는데 주제를 정하는 것 또한 학생들의 자유였기 때문에 인문학적인 주제뿐만 아니라 과학과 관련된 주제들도 많이 다루도록 노력하였음. 건축이란 영역이 일반적으로 쉽게 다룰 수 있는 영역이 아니어서 직접적으로 다루지는 못하였지만 물리, 건축물과 관련된 법규 등에 대하여 주제를 이끌어내고 토론을 하고자 하였음.
3학년	아고라 (토론)	3학년땐 동아리 활동을 하지 않았음. 하지만 1, 2학년 후배들이 동아리 활동에 대하여 도움을 요청하면 조언을 해 주거나 도움을 주는 형식으로 동아리 활동을 이어 나감.

(3) 봉사활동

학년	장소/주관 기관	활동 내용	누계 시간
1학년	요양 병원 및 의료 기관, 학교	요양 병원 등의 의료 기관에서 봉사를 하는 동아리에 가입하여 봉사 활동을 이어 나갔음. 환자들의 말동무가 되어드리고 간단한 스트레칭 및 재활 활동을 도와드리는 활동을 주로 함. 이를 통하여 진로와 관련된 세부 특기 사항을 추가할 수 있었음. 그 외에 학교에서 주어지는 기본적인 봉사 시간을 채움.	36
2학년	학교	학교에서 주어지는 기본적인 봉사 시간만을 채움.	24
3학년	학교	학교에서 주어지는 기본적인 봉사 시간만을 채움.	22

(4) 독서활동

학년	과목/영역	책 제목
1학년	과탐, 수학, 인문학	수학 선생님도 몰래 보는 수학책, 페르마의 마지막 정리, 이기적 유전자, 82년생 김지영, 모든 순간의 물리학
2학년	과탐, 건축	마션, 만유인력과 뉴턴, 헤르만 헤르츠 버거의 건축 수업
3학년	건축	내일의 건축, 건축이 우리에게 가르쳐주는 것들, 건축 직설

◆ 자기소개서

1. 고등학교 재학 기간 중 학업에 기울인 노력과 학습 경험을 통해 배우고 느낀 점을 중심으로 기술해 주시기 바랍니다. (1000자)

고등학교 2학년, 더 이상 과학이라는 포괄적인 단어 속에서 한정된 과학 내용을 배우는 것이 아닌 더욱 세분화되고 구체적인 과학을 배운다는 기대감에 들떠 있었습니다. 하지만 제 기대감은 금세 좌절감으로 바뀌게 되었습니다. 새로운 것을 알아간다는 성취감에 즐거웠던 과학 시간이 수업 내용을 따라가는 것조차 버거워졌기 때문입니다. 특히 공부가 재미있게 느껴지지 않았고 저는 이 상황을 어떻게 극복해 나갈 것인가를 고민하게 되었습니다. 특히 물리 시간에는 이해되는 내용보다 이해가 되지 않는 내용이 더 많아질 정도였습니다. 암기를 통해 내용을 숙지한 후 문제를 풀어가면서 실력을 키우고자 마음먹었습니다. 교과 시간에 배운 내용과 공식을 모두 암기했지만 문제를 풀면 문제가 풀리지 않았고 같은 문제를 5, 6번씩 틀려 가며 노력했지만 문제가 해결되지 않아 저는 다시 고민에 빠지게 되었습니다. 그 결과 제가 알고 있는 내용은 한정적이고 매우 좁은 범위의 개념이었다는 것을 깨닫게 되었습니다. 그 후 정량적 계산을 위해 문제집의 해설지를 통해 문제 접근 방식을 터득해 나가기도 하고 참고서나 관련 책들을 찾아보며 다양한 개념들을 부가적으로 얻어 가기 시작했습니다. 가장 어려워했던 힘과 에너지를 공부할 땐 물체 하나가 독립적으로 운동할 때, 실로 연결되어 운동할 때, 도르래에 연결되었을 때 등 여러 가지 상황을 고려해 풀면서 감을 익혔으며 문제 자체가 이해되지 않을 땐 그림을 그려 가며 문제를 이해하는 연습을 했습니다. 이 과정을 계속 반복하여 공부를 하다 보니 문제가 점점 풀리기 시작했고 과학에 대한 흥미도 다시 높아지기 시작했습니다. 저는 물리뿐만이 아닌 다른 과목에서도 제가 배운 부분은 극히 일부분의 내용이며 그 내용을 제 것으로 만들고 확장하는 것은 저 자신의 몫이란 걸 알 수 있었습니다. 그래서 앞으로 어떤 학문을 접하더라도 배운 내용에서 그치지 않고 더 나아가 심화된 내용을 스스로 습득할 것이라는 마음을 가지게 되었습니다.

2. 고등학교 재학 기간 중 본인이 의미를 두고 노력했던 교내 활동(3개 이내)을 통해 배우고 느낀 점을 중심으로 기술해 주시기 바랍니다. 단, 교외 활동 중 학교장의 허락을 받고 참여한 활동은 포함됩니다. (1500자)

2학년 미술 시간 중 '건축 모형 만들기'라는 활동을 하게 되었습니다. 평소 건축에 관심이 많았던 저는 이번 활동에 애착을 가지게 되었고 자진하여 조장을 맡아 활동했습니다. 저희 조는 협소하고 제한적인 공간을 실용적으로 만들어내는 일본의 건축 기술에 매력을 느껴 일본 건축물 중 가장 자주 접할 수 있었던 짱구의 집을 주제를 선정하게 되었습니다. 시작 전 짱구집을 분석하기로 했습니다. 짱구의 집은 아이를 가진 가족들이 사는 공간이기에 아이들이 주로 생활하는 거실과 안방이 포함된 1층은 쾌적하고 따스한 분위기를 연출시킬 수 있도록 채광이 좋은 공간을 설계해야겠다고 생각하였습니다. 앞서 내린 판단에 따라 전체적인 조감도를 스케치하고 정면도, 측면도, 배면도를 설계도면으로 그려봄으로써 평면적으로 보였던 집을 입체적인 공간으로 상상할 수 있도록 하였습니다. 절단 과정에서 우드락이 울퉁불퉁 해지고 설정한 수치대로 우드락이 잘리지 않는 일이 발생하기도 했습니다. 그래서 얇은 우드락으로 교체한 후 구조적 불안정은 두 개를 겹쳐 사용함으로써 보완했습니다. 접착 과정에서 글루건과 본드를 사용했지만 우드락이 녹아버렸고 이를 해결하기 위해 침핀을 이용해 고정시킨 우드락 사이를 최소한의 본드를 이용하여 집을 완성할 수 있었습니다. 마지막 채색을 통해 계획했던 집을 완성했습니다. 이 경험은 제가 건축사가 된 것처럼 공간에서 살아갈 사람들을 공감하며 안정적이고 아름다운 집을 설계하고 시공하는 과정을 경험할 수 있었기에 저에게 가장 뜻깊은 경험이 되었습니다.

비 오는 날 우산을 보며 '왜 우산은 아치 형태 뿐이지?'라는 궁금증이 생겼습니다. 그러던 중 과제 연구로 '비를 피하기 위한 최적의 우산'을 주제로 하여 연구해 볼 수 있었습니다. 실험은 우산살의 각도에 따른 실험과 우산의 모양에 따른 실험으로 나누어 진행했습니다. 두 실험을 통해 우산살의 각도가 커질수록, 모양이 아치형에 가까워질수록 빗물이 떨어지는 거리가 실험자로부터 멀어진다는 것을 알 수 있었습니다. 이 실험을 진행하던 중 우산의 역할이 건물에서 지붕의 역할이 될 수 있겠다는 생각을 하게 되었고 이를 계기로 건축물의 지붕에 대해 알아보기 시작했습니다. 건물의 지붕은 많은 것에 영향을 받겠지만 사계절이 뚜렷한 우리나라의 경우 가장 영향을 많이 받는 요소가 기후일 것이라는 생각이 들어 기후와 관련 지어 지붕에 대해 생각해 보았습니다. 우리나라는 남풍이 부는 여름철 가장 남중 고도가 높고 강수량이 많아 지붕 모양을 남쪽으로 길이가 길고 경사각이 작게 만들어 햇빛과 비로부터 건물을 보호하는 지붕을 만들면 좋겠다는 생각을 했습니다. 이로부터 생기는 구조적 불균형을 해소하기 위해 기초 작업을 충실히 하고 불균형으로 생기는 자투리 공간은 주차장, 작은 창고를 설치하며 공간을 실용적으로 이용할 수 있겠다는 생각이 들었습니다. 이 아이디어의 효과를 직접 경험해 보진 못했지만 꼭 실험을 통해 확인해 보고 싶다는 생각이 들었고 지붕에 영향을 주는 다른 요소들을 탐구해 보고 싶다는 호기심이 생긴 흥미로운 경험이었습니다.

3. 학교 생활 중 배려, 나눔, 협력, 갈등 관리 등을 실천한 사례를 들고, 그 과정을 통해 배우고 느낀 점을 기술해 주시기 바랍니다. (1000자)

제가 3년간 속해 있었던 동아리 아고라는 일반적인 토론 진행 방식과 달리 퍼블릭 포럼 디베이트 방식으로 토론을 진행합니다. 제가 1학년이었을 땐 생소한 토론 진행 방식에 어려움이 많았습니다. 요약과 마지막 초점의 차이점이 무엇인지 인지하지 못하여 선배들께 도움을 요청했지만 큰 깨달음을 얻어내지 못했습니다. 결국 저는 1년간 동아리에서 진행된 많은 토론을 경청하고 지켜보며 요약과 마지막 초점 사이의 차이점을 정확히 알아낼 수 있었습니다. 이후 2학년이 된 저는 1학년 때의 저와 똑같은 문제로 어려움을 겪고 있는 후배들을 보았습니다. 후배들 또한 지금껏 해 온 토론 방식과 다른 마지막 두 단계의 차이점을 몰라 힘들어했고 그로 인해 토론 진행 중 실수를 하기도 했습니다. 그것을 지켜보며 후배들은 저와 같은 힘든 과정을 겪지 않게 해 주고 싶은 마음이 들었습니다. 그래서 2학년 동기들에게 후배들이 현재 모르고 있는 것들을 시간을 마련해 알려주자고 건의했고 토의 끝에 후배들이 정확히 알지 못하는 각 단계의 역할, 마지막 두 단계의 차이점을 쉽게 설명해 줄 수 있었습니다. 그제서야 후배들은 토론 방식을 정확히 이해하게 되었다는 말을 했고 이후에는 빈틈이 없을 정도로 후배들의 실력이 많이 향상된 게 눈에 보였습니다. 실수가 많아 진행이 잘 되지 않았던 토론도 1, 2학년이 협력하여 수준 높은 토론으로 이끌어 나갈 수 있었습니다. 1학년에서 2학년, 짧다면 짧을 수 있는 기간 동안 부족했던 제가 경험을 통해 지식을 습득하고 그로부터 얻어낸 지식을 같은 어려움을 겪고 있는 후배들에게 베풀 수 있다는 점이 저에게 큰 감동으로 다가왔습니다. 그래서 3학년이 된 이후에도 후배들이 찾아와 동아리 문제에 대해 고민을 토로하면 제가 경험했던 동아리 활동을 토대로 충고를 해 주었습니다. 살아 오며 누군가에게 도움을 준다는 것에 큰 기쁨을 잘 경험하지 못한 저는 고등학생이 돼서야 그 가치를 알게 되었고 사회에 나아가서도 제 지식을 공유하고 타인에게서 부족한 부분을 배우며 성장하고 싶음을 느꼈습니다.

4. 해당 모집 단위에 지원하게 된 동기와 지원하기 위해 노력한 과정을 구체적으로 기술해 주시기 바랍니다. (1500자)

집안 사정으로 인해 중학교 1학년부터 고등학교 2학년까지 원룸에서 생활했던 저는 '집'이라는 대상에 대한 욕망이 누구보다 강했습니다. 크고 넓은 집을 볼 때면 저런 집에서 살아 보고 싶다는 생각과 함께 제가 직접 원하는 집을 지어 보고 싶다는 생각이 떠오르곤 했습니다. 무언가를 만드는 것에 관심이 많고 손재주가 좋았던 저는 제 재능과 더불어 가정환경에 영향을 받아 건축이라는 학문의 매력에 자연스럽게 빠지게 되었습니다. 제가 건축에 관심 있다는 것을 알게 된 아버지는 종종 저를 데리고 다니며 많은 집들을 보여 주시곤 했습니다. 그럴 때마다 저는 '나도 멋지고 큰 집을 지어 보고 싶다'라는 생각을 했습니다. 어렸을 적 막연했던 꿈은 '평온함을 나타내지 않는 건축은 실수이다'라는 명언을 본 후 사람들이 편안함과 행복을 느낄 수 있는 공간을 창출해 내고 싶다는 목표로 자리 잡게 되었습니다. 이후 고등학교 2학년에 진학한 후 물리 과목을 심층적으로 공부하게 되었고 물리 공부하던 도중 힘의 평형과 무게 중심의 위치에 대해 배우게 되었습니다. 단순히 무게 중심의 위치에 따라 물체의 안정도가 달라지고 평형을 이룬다는 점에 큰 흥미를 느끼게 되었습니다. 그래서 건축의 감각적, 미적인 요소와 물리의 기술적, 구조적 요소가 융합된 건축공학과에 진학하기를 희망하게 되었습니다. 어릴 때부터 아버지를 따라다니며 건설 현장을 견학하고 그곳에서 실질적인 경험을 쌓았습니다. 현장을 견학하면서 건축주와 현장에서 일하시는 건축사가 서로 소통하고 그에 따라 건물에 대한 디테일이 달라지며 더욱 사람이 살기에 적합한 건물이 되는 것을 바라볼 수 있었습니다. 또한 마지막 마감을 하는 과정도 신중히 작업하시는 모습을 보며 저도 제가 짓는 건물에 대한 애착을 가지고 마지막 순간까지 열심히 하는 사람이 되어야겠다는 마음을 가지게 되었습니다. 언젠가 건축은 모든 인간에게 중요한 것이기에 발전이 더디고 변화가 어렵다는 이야기를 들은 적이 있습니다. 그래서 4차 산업 혁명에 대한 관심이 커진 이후에는 건축의 미래에 대한 고민을 많이 해 왔습니다. 특히 iot 기술과 관련된 건축적 장점과 더불어 그로 인해 생길 수 있는 문제점 등을 알아보기 위해 관련된 글들을 읽어 보고 그 문제점의 해결 방안과 발전 방향을 생각해 보는 등의 노력을 기울여 왔습니다. 또한 건물의 건축 구조를 공부하기 위해 수학, 물리 과목에서 기초를 다지는 것에 집중했습니다. 그중에서도 물리의 합력, 정역학에 관한 문제와 수학의 공간 벡터, 공간 도형에 관한 문제를 풀어 보며 응용 지식을 키워왔습니다. 문제를 풀면서 어떻게 하면 건축물이 독창적인 형태를 가지면서 안정성을 지켜낼 수 있을까? 라는 고민을 해 보기도 했습니다. 건축물에 대한 폭넓은 시각을 가지기 위해 우리나라 건축물 만 아니라 해외 건축물들을 찾아보기도 하고 국내외 건축 관련 기사와 글들을 찾아 읽어 가며 건축에 대한 견해를 넓혀갔습니다. 이런 노력을 통해 건축에 대한 흥미가 더욱 향상되었고 단순했던 제 꿈에 조금씩 구체적인 요소를 더해 갈 수 있었습니다.

02. 자연계열 에너지시스템공학부

- 고등학교 : 서령고등학교 (충남)
- 대학 및 학과 : 중앙대학교 공과대학 에너지시스템공학부
- 학번 : 20학번

◆ 내신 등급

구분	1학년		2학년		3학년	평균
	1학기	2학기	1학기	2학기	1학기	
전 과목	3.17	2.04	3.52	2.93	2.46	2.80
국영수탐	2.88	1.88	3.33	2.67	2.46	2.66

◆ 수시 합격/불합격 결과

대학	학과(부)	전형	합/불
중앙대학교	에너지시스템공학부	학생부종합전형 (탐구형 인재)	합
인하대학교	에너지자원공학과	학생부종합전형 (인하미래인재)	합
동국대학교	융합에너지 신소재공학과	학생부종합전형 (Do Dream)	합
서울과학기술대학교	신소재공학과	학생부종합전형 (학교생활우수자)	합
국민대학교	전자공학부 에너지전자융합전공	학생부종합전형 (국민프런티어)	합
한양대학교	에너지공학과	학생부종합전형 (일반)	불

◆ 비교과 활동

(1) 자율활동

학년		주요 활동
1학년	1학기	수학과학동영상 시청, 환경교육특강(분리수거), 지질과학의 이해와 올바른 꿈 찾기, 독도 관련 행사
	2학기	수학과학동영상 시청
2학년	1학기	화학 관련 커뮤니케이터 강연(신소재), 과제별 연구 활동, 찾아가는 자원순환학교 교육
	2학기	선배들과 함께하는 진로멘토링, SSR 전공학과탐색 및 보고서 작성 활동
3학년	1학기	학급 멘토-멘티 활동, 학급 독서 토론 활동

(2) 동아리활동

학년	동아리	활동 내용
1학년	생물나라(환경, 에너지, 생명 관련 동아리)	'대기 및 수질 오염에 따른 조류의 생태 변화의 모습 이해' 주제의 전문가 초청 강연, 생명 공학 관련 연구원 탐방, 교내 동아리 발표 대회, 생명 관련 탐구 실험
2학년	생물나라(환경, 에너지, 생명 관련 동아리)	조류의 이해와 보호 및 모니터링 방법의 전문가 초청 강연, 부회장으로 활동
3학년	생물나라(환경, 에너지, 생명 관련 동아리)	에너지, 환경, 생명 관련 탐구 실험(다수)

(3) 봉사활동

학년	장소/주관 기관	활동 내용	누계 시간
1학년	샤론노인요양원	미술 치료 도우미	약 30시간
	서산문화복지센터	청소년운영위원회 정기 회의, 부스 운영, 모니터링	약 20시간
			총 131시간

2학년	샤론노인요양원	미술 치료 도우미	약 27시간
	서산문화복지센터	청소년운영위원회 정기 회의, 부스 운영, 모니터링	약 48시간
			총 126시간
3학년	샤론노인요양원	미술 치료 도우미	약 21시간
	서산문화복지센터	청소년운영위원회 정기 회의, 부스 운영, 모니터링	약 18시간
			총 55시간

(4) 독서활동

학년	과목/영역	책 제목
1학년	수학/과학	이광연의 오늘의 수학(이광연), 청소년들을 위한 최소한의 수학 1,2(장영민), 페르마의 마지막 정리(사이먼 싱), 에너지의 미래(페터 그루스), 지속가능한 미래를 여는 에너지와 환경(최기련), 지구, 불편한 진실(김명길), 과학혁명의 구조(토마스 S. 쿤), 기후, 에너지 그리고 녹색 이야기(김도연)
2학년	수학/과학	통계학, 빅데이터를 잡다(조재근), 기하, 역사와 문화로 읽다(이광연), 미적분으로 바라본 하루(오스카 E.페르난데스), 함수, 통계, 기하에 관한 최소한의 수학 지식(염지현), 아인슈타인의 생각 실험실 1,2(송은영), 너무 재밌어서 잠 못 드는 지구의 과학(이은희), 처음 읽는 지구의 역사(이지유), 세상을 바꾼 화학(원정현), 화학에서 인생을 배우다(황영애), 환경에도 정의가 필요해(장성익), 왜 에너지가 문제일까?(신동한), 재생 에너지란 무엇인가?(폴 마티스), 에너지 소사이어티(이동헌), 신재생 에너지(손재익), 친환경 저탄소 에너지 시스템(신정수)
3학년	수학/과학	이토록 아름다운 수학이라면(최영기), 누가 미적분을 어렵다고 하는가(미적분연구회), 파인만의 여섯가지 물리 이야기(리처드 파인만), 손안의 지구과학(마이클브라이트), 거의 모든 것의 탄소 발자국(마이크 버너스리), 에너지 디자인(바츨라프 스밀), 에너지 세계일주(블랑딘 앙투안), 금속 전쟁(키스 베로니즈)

◆ 자기소개서

1. 고등학교 재학 기간 중 학업에 기울인 노력과 학습 경험을 통해 배우고 느낀 점을 중심으로 기술해 주시기 바랍니다. (1000자)

《왜 에너지가 문제일까?》를 읽고 에너지원별 원리와 주요 이슈에 대해 관심을 가지게 되었습니다. 기본적인 발전 원리에 대해 알아보고 싶었기 때문에 물리 시간에 배운 패러데이의 전자기 유도 법칙을 확인하는 실험을 전개했습니다. 코일에 방전된 배터리를 연결하고 멀티 미터로 충전 전압을 측정하여 충전량을 계산했습니다. 자석을 손으로 움직이다 보니 신체적인 어려움을 겪었고, 움직임이 일정하지 않아 예상 발전량과 실제의 값 사이에 오차가 발생했습니다. 이를 해결하려는 방안을 생각하던 중 물리 시간에 배운 돌림힘을 활용한 장치인 '축바퀴'가 떠올랐습니다. 축바퀴를 이용하자 자석을 쉽고 안정적으로 움직일 수 있었습니다. 교과 시간에 배운 개념을 활용하여 실험을 성공적으로 마친 경험을 통해 기초 교과목 공부가 중요하다는 것을 배울 수 있었습니다.

'우리나라의 각 발전소의 원리 및 발전 효율'을 주제로 과제별 연구 활동을 했습니다. 발전기 중심부 전자석과 이를 감싸는 철심 사이에 전자기 유도가 발생한다는 원리를 고찰했고, 탐구 과정 중 고정자와 회전자를 구성하는 재료에 대해 찾아 보았습니다. 발전기의 구체적인 구조와 소재를 확인하자 하나의 발전기를 가동하기 위해선 '전자기 유도 법칙'뿐 아니라 전자석이 회전할 때 원심력을 버티는 구조를 설계하기 위한 역학, 발전기 구성품을 고안하기 위한 재료학 등 다양한 분야의 지식이 필요함을 알게 되었습니다. 이를 통해 균형 잡힌 학습의 중요성을 깨닫게 되었고,

폭넓은 지식을 갖추기 위해 노력하게 되었습니다.

또한, 왜 석탄 발전보다 천연가스 발전이 환경 피해가 적은지 궁금하였습니다. NG는 탄화수소로 연소하여 이산화탄소와 H_2O가 되지만, 석탄은 불완전 연소를 하여 재가 남고, 탄소가 주성분이기 때문에 천연가스보다 더 많은 이산화탄소를 배출한다는 것을 화학식을 통해 알아보았습니다. 발전원별 환경 오염 정도가 다른 이유도 '연소'라는 기본적인 화학 개념에 근거한다는 것을 알고, 기초 교과목 학습의 중요성을 더욱 실감할 수 있었습니다.

2. 고등학교 재학 기간 중 본인이 의미를 두고 노력했던 교내 활동(3개 이내)을 통해 배우고 느낀 점을 중심으로 기술해 주시기 바랍니다. 단, 교외 활동 중 학교장의 허락을 받고 참여한 활동은 포함됩니다. (1500자)

지구과학 시간에 토양과 물의 산성화에 대해 배우고, 산성비가 식물에 미치는 영향을 알아보고 싶어 'pH에 따른 식물의 생장 속도 분석' 실험을 진행했습니다. 식물에 산성, 중성, 염기성 용액을 주고 생장 속도를 관찰했습니다. 실험 준비 과정에서 기준 농도 pH 3, 5, 7, 8, 11에 부합하는 용액을 어떻게 제작할지 고민했고, 일상생활에서 쉽게 얻을 수 있는 식초와 물, 세제를 이용하기로 했습니다. pH 측정기로 용액의 수소 이온 농도를 정확하게 측정했으며 가지, 토마토 등 다양한 식물을 이용하여 실험의 신뢰도를 높였습니다. 온도, 용액의 양 등의 변인 통제에도 신경을 기울였습니다. 세제와 물을 준 식물은 잘 자랐지만, 식초를 준 식물은 생장 속도가 눈에 띄게 감소하거나 시들어 죽었습니다. 산성 환경에선 식물이 잘 자랄 수 없다는 결론을 얻었고 탐구하는 과정에서 산성비의 기준이 pH 5.6 이하인 이유가 궁금해졌습니다. 그 이유는 산성비의 생성 원리에 있었는데, 산성비를 이루는 황산과 질산이 pH 5.6보다 낮은 수소 이온 지수를 나타내기 때문이라는 것을 알 수 있었습니다. 정확한 결과를 얻기 위해선 변인 통제가 중요하다는 것을 깨달았고 이는 실험 설계에 있어 공학자가 반드시 갖춰야 할 자세라고 생각했습니다. 작은 의문이라도 직접 해결하며 교과 개념을 쉽게 이해할 수 있었습니다. 정확한 개념을 숙지하는 것이 곧 저의 역량이 된다는 사실을 깨닫게 되었고, 배움을 즐기게 되었습니다. 산성비의 유해성을 절감한 저는 이를 전교생들에게 알리기 위해 홍보 포스터를 제작하여 붙였습니다. 포스터를 붙인 후 친구들이 진심으로 환경을 보호하려는 의지를 보이며 환경 정화 활동을 하는 모습을 보니 작은 실천이 무엇보다 값지다는 것을 알 수 있었습니다.

능동적인 학습의 즐거움을 느낀 저는 화력 발전에서 발생하는 환경 오염을 줄이려는 방안을 살펴보고자 화력 발전소와 에너지 월드를 탐방했습니다. 화력 발전소는 유해가스 배출량을 줄이는 탈황, 탈질 설비를 갖추고 있었습니다. 이처럼 자연환경을 고려한 발전 방식에 대해 자세히 알아보고자 《친환경 저탄소 에너지 시스템》을 읽었고, 다양한 친환경 시스템을 알게 되었습니다. 화력 발전이 발전량의 상당 부분을 차지하고 있는 우리나라의 전력 구조상 보다 친환경적인 화력 발전 시스템의 도입이 필수적이라는 생각을 하게 되었습니다. 화력 발전소에서 석탄회와 탈황석고 등의 발전 부산물을 시멘트와 석고보드로 재활용하고 있음을 알게 되었고, 버려지는 것들을 최대한 이용하는 방안을 찾는 것이 에너지 패러다임 전환의 핵심이 될 수 있다고 생각했습니다. 에너지 월드 인근에 태양광 발전소와 화력 발전에 필요한 물을 운반하는 수로를 소수력 발전으로 이용하고 있다는 사실을 알게 되었습니다. 화력 발전과 신재생 에너지가 공존하는 구조에 감명을 받았고, 화석 에너지와 신재생 에너지를 융합해 효율과 환경을 둘 다 고려한 전력 생산 시스템을 연구하고 싶다는 구체적인 목표를 가지게 되었습니다.

3. 학교 생활 중 배려, 나눔, 협력, 갈등 관리 등을 실천한 사례를 들고, 그 과정을 통해 배우고 느낀 점을 기술해 주시기 바랍니다. (1000자)

생물나라 부회장을 지내며 대화를 통한 의사 결정의 중요성을 깨달았습니다. 담당 선생님께서 동아리 원들의 의견 반영을 소홀히 하셨고 주도적으로 활동 계획을 결정하셨습니다. 친구들은 불만을 품었고 저는 대표로 선생님께 의견을 조심스럽게 전했습니다. 그 후로는 활동 계획을 동아리 회원들의 회의를 통해 결정하게 되었습니다. 하지만 남은 문제가 있었습니다. 진로가 세분화되면서 각자 원하는 활동이 달랐고 의견을 하나로 모으기 어려웠습니다. 저는 친구들 한 명 한 명과 대화를 시도했고 진로와 관련한 활동을 하고 싶어 하는 마음을 충분히 이해해 주었습니다. 그리고 진로와 직접적인 관련이 없어 보여도 연관성을 찾아보면 각자의 진로에 도움이 될 것이라는 조언을 해 주었습니다. 감정을 이해 받은 친구들은 제 이야기를 받아들였고 모두가 동의하는 활동 계획을 세울 수 있었습니다. 그 결과 그해 교내 동아리 발표 및 전시 활동에서 좋은 성과를 얻을 수 있었습니다. 이를 통하여 대화로써 갈등을 해결하는 과정 자체가 구성원 간의 협력을 높이는 데 도움이 된다는 것을 알 수 있었습니다.

3년 내내 진심으로 임했던 '사론 노인 요양원 봉사 활동'은 학교생활의 동력원이었습니다. 학업 스트레스 같은 학교생활의 어려움을 어르신들과 소통하면서 해소할 수 있었습니다. 미술 치료 소재를 선정하며 제가 계획한 '회상 그림 활동'은 진심을 다한 봉사 활동의 중요성을 마음 깊이 깨달은 계기가 되었습니다. 먼저 얼굴을 그리고, 안경알 속에 옛날 일 중 가장 먼저 생각나는 것을 그려 보시라고 권했습니다. 어르신들 대부분은 바로 자제분들을 그리셨고, 저는 자식을 향한 부모님의 사랑을 느낄 수 있었습니다. 제가 맡았던 어르신께서는 자식들 옆에 저를 그려 주셨습니다. 진정성 있는 나눔과 배려를 통해 어르신들과 가족이 되어 가고 있다는 것에 감동한 경험이었습니다. 서로의 마음을 나누는 봉사의 의미를 깨닫게 되었고, 자발적인 봉사가 서로에게 좋은 영향을 준다는 것을 배울 수 있었습니다.

4. 해당 모집 단위에 지원하게 된 동기와 지원하기 위해 노력한 과정을 구체적으로 기술해 주시기 바랍니다. (1500자)

저에게는 공학을 통해 생태계 위기를 극복한다는 꿈이 있습니다. 특히 전력 생산 시스템 연구를 통해 지구 온난화를 해결할 방법을 찾고 싶습니다. '환경 교육 특강'과 '찾아가는 자원 순환 학교 교육'을 통해 화석 연료, 자동차 배기가스 등으로 인한 온난화의 심각성을 확인할 수 있었고 《에너지의 미래》 책을 통해 환경 문제를 해결하기 위해선 에너지 시스템의 변화가 선택이 아닌 필수라는 것을 깨닫게 되었습니다.

1차 SSR 전공 탐구 및 발표 '환경 영향을 최소화한 석탄 발전'을 준비하며 고체연료보다 석탄을 액화, 가스화 하는 것이 더 경제적, 친환경적임을 알게 되었습니다. 화석 연료 사용 자체를 줄임과 동시에 화석 연료를 보다 환경 친화적으로 이용할 수 있는 방안에 대해서도 고민해야 한다고 생각하게 되었습니다. 우리나라에 가장 적합한 에너지 생산 방법을 고민해 보고 결론을 도출하기도 했습니다. 2차 주제로 '바이오 에너지와 연료'에 대해 탐구하며 바이오 에너지의 개념과 사용 현황 등을 조사했습니다. 친환경 에너지로 알려진 바이오 에너지도 연료인 바이오매스는 나무, 초본 식물, 곡물 등이기 때문에 생태계에 영향을 미칠 수밖에 없고 연료를 연소하여 에너지를 얻기에 완벽하게 친환경적일 수는 없다는 것을 알게 되었습니다. 이를 통하여 신재생 에너지의 양면성을 파악할 수 있었고 환 경오염을 최소화하기 위한 방안을 연구하는 것이 또 하나의 목표가 되었습니다.

'에너지 발전 및 수송 방식'을 주제로 한 SSR 전공 캠프 전공 발표에서 전력수송 과정과 기계적 구조에 관해 탐구했습니다. 전선의 주재료인 구리 선, 알루미늄 선의 전기 저항과 인장 강도 등 물리적 특성을 알아보았습니다. 재료의 가격과 효율의 관계에 대해 알아보고 가장 합리적인 시스템을 고민하기도 했습니다. 전기 저항이 존재하기 때문에 송전 과정에서 전력 손실은 불가피했고 이를 해결할 방안을 생각해 보았습니다. 그리고 임계 온도 이하에서 내부 자기장이 0이 되는 '마이스너 효과'를 활용한 송전 시스템을 구현할 수 있을지 그 가능성에 대해 논해 보았습니다. 하지만 현재 기술력으로는 임계 온도가 매우 낮아 유지 비용을 고려하면 현실적으로 효용 가치가 적었습니다. 구리보다 전기 저항이 낮은 신소재를 개발하여 같은 발전량을 위해 필요한 화석 연료 사용을 줄일 수 있고 이는 환경 오염을 감소시킬 수 있다고 생각했습니다. 발표를 준비하며 환경을 고려한 효율적인 시스템을 연구하고 싶어졌고 교과목의 기초를 쌓는 것이 연구자가 되기 위한 준비라는 것을 깨닫게 되었습니다.

에너지 시스템 공학을 심도 있게 공부한다는 목표를 이루기 위해 달려온 저에게 중앙대학교는 최고의 발판이 될 것입니다. 회로이론과 열유체역학 등의 교과목으로 전기 공학과 기계 공학의 기초를 닦아 발전의 기본 원리를 다방면으로 이해하고 에너지변환시스템, 에너지계측공학, 에너지재료기초 등 특화된 교육을 통해 미래의 에너지 사업을 이끌 공학자가 되고 싶습니다. 중앙대학교 에너지시스템공학부에서 지구 환경을 위한 첫 걸음을 시작하고 싶습니다.

02. 자연계열 산업경영공학부

- 고등학교 : 장흥고등학교 (전남)
- 대학 및 학과 : 고려대학교 공과대학 산업경영공학부
- 학번 : 19학번

◆ 내신 등급

구분	1학년		2학년		3학년	평균
	1학기	2학기	1학기	2학기	1학기	
전 과목	2.95	2.29	2.37	2.29	2.07	2.39
국영수탐	2.8	2.19	2.24	2.08	2.09	2.28

◆ 모의고사 및 수능 등급

과목	국어	영어	수학	탐1	탐2
6모평	1	1	3	3	2
9모평	1	1	4	2	2
수능	2	2	3	1	2

◆ 수시 합격/불합격 결과

대학	학과(부)	전형	합/불	비고
고려대학교	산업경영공학	기회균등	합	4년 장학금
연세대학교	산업공학	기회균등	불합	
성균관대학교	공학계열	기회균등	불합	
경희대학교	산업경영공학	네오르네상스	합	
건국대학교	산업공학	KU자기추천	불합	
전남대학교	산업공학	학생부교과	합	

◆ 비교과 활동

(1) 자율활동

학년		주요 활동
1학년	1학기	응급처치교육 / 테마형수학여행 / 양성평등글짓기대회
	2학기	제암축제 / 아빠와함께하는캠프
2학년	1학기	진로희망발표하기 / 전남과학축전 / 야영체험활동/발명교육활동
	2학기	수학나눔활동 / 학교축제
3학년	1학기	학급반장 / 체육대회 / 지구의생명지키기 / 화재대비훈련 / 관현악연주회

(2) 동아리활동

학년	동아리	활동내용
1학년	푸른공간 (방송부)	학교 축제에 대한 방송 및 조명, 음향 컨트롤을 맡음. 체육 대회에서 사진 촬영, 마이크 설치 등을 맡음. 다양한 행사 진행에 스태프로 참여함.
2학년	아고라 (토론)	자기 주장 능력과 의사소통 능력을 키우기 위해 토론 동아리에 가입. 다양한 주제로 토론을 진행하면서 자신의 의견을 표출하는 활동에 더욱 적극적이게 됨. 아고라 책 제작 과정에서 표지 디자인을 맡아 진행하며 긍정적인 디자인을 뽑아내 호평을 받음.
	백리향 (교육봉사)	백리향 교육 봉사에서는 다문화 가정 아이들을 대상으로 우리 사회에 자리잡기 시작한 다문화에 대한 가치 그리고 배려와 나눔의 자세의 중요성을 깨달음.
3학년	아고라 (토론)	토론 동아리에서 후배들의 토론에 대한 자문 등을 함.
	백리향 (교육봉사)	교육봉사를 통해 배려와 나눔의 중요성을 직접 실천하고 여러 사람 앞에서 자신 있게 말할 수 있는 능력을 키움.

(3) 봉사활동

학년	장소/주관 기관	활동 내용	누계 시간
1학년	(개인)장흥노인전문요양원	어르신 산책 및 레크리에이션	51
2학년	(개인)장흥노인전문요양원	어르신 산책 및 레크리에이션	48
3학년	(개인)장흥군청소년수련관	학습 지원 활동	47

(4) 독서활동

학년	과목/영역	책 제목
1학년	국어	경제학 콘서트(팀 하포드)
	수학	영화에 딴지걸다(이재진)
	공통	삼성을 생각한다(김용철)
2학년	문학	난쟁이가 쏘아올린 작은 공(조세희)
	확률과통계	통계를 알면 돈이 보인다(최용석), 괴짜가 사랑한 통계학(그레이엄 테더솔)
	미적분	수학자들의 전쟁(이광연)
	물리	수식 없이 이해하는 상대성이론(최강시)
	지구과학	인터스텔라의 과학(킵 손)
	화학	일상적이지만 절대적인 화학 지식 50(버치, 헤일리)
	생명과학	체온 1도가 내 몸을 살린다(사이토 마사시)
3학년	독서와문법	관촌수필(이문구)
	화법과작문	기획의 정석(박신영, 최미라)
	기하와벡터	그림자로 만나는 기하학 세상(줄리아 E.디킨스)
	물리II	죽기 전에 알아야 할 5가지 물리법칙(야마구치 에이이치)
	지구과학II	노벨상 수상자와 함께한 24일
	정보	세계 미래 보고서 2005

◆ 자기소개서

1. 고등학교 재학 기간 중 학업에 기울인 노력과 학습 경험을 통해 배우고 느낀 점을 중심으로 기술해 주시기 바랍니다. (1000자)

물은 끓는점에 도달하면 펄펄 끓게 됩니다. 산업 공학을 향한 제 열정을 끓는점에 도달하게 만들어 주었던 건 바로 '통계'라는 과목입니다. 부분을 통해 전체를 추정해 내는 통계의 특성에 매력을 느끼고 통계학을 조사했습니다. 조사 중 산업 공학에서 시스템을 평가하는 방법 중 하나로 '통계적 분석'이 사용된다는 것을 알았습니다. 좋아하던 과목이 희망 학과와 밀접하게 관련이 있다는 것을 알고 난 후 더욱 열정을 가지고 학습에 임했습니다. 통계적 분석의 기본인 '상관 분석'에 대해 탐구하기 위해, 교과서의 개념들을 먼저 이해한 후 관련 서적과 인터넷을 찾아봤습니다. 변수 X와 Y에 대해 각 변수에서 표본을 추출한 후 표본 평균을 통해 변수가 움직이는 패턴을 분석하는 방법과 그 패턴을 수적으로 정량화하는 방법 등을 탐구했습니다. 또한 '상관 계수'의 존재를 알게 되면서 어떻게 수많은 변수의 '상대적' 관계를 반영해 그 상관관계를 측정할 수 있는지 배웠습니다. 그 과정에서 개인의 소득 수준과 스마트폰 사용량 간 상관관계 등의 예제를 공부하며 사고력을 키웠습니다.

상관 분석을 탐구하고자 배운 교과 개념들을 이해한 후, 그것을 적용할 수 있는지 스스로를 시험하려고 했습니다. '남에게 설명할 수 없다면 이해하지 못한 것'이라는 말이 떠올라 멘토&멘티 활동에 참여했습니다. 많은 용어가 나오는 통계의 특성상 용어의 이해가 최우선이라고 느꼈고, 용어를 바탕으로 개념 설명에 주력했습니다. A4 용지에 용어의 의미를 써 놓고, 핵심이 되는 키워드를 비워 놓은 후 멘티에게 그것을 채워 보라고 하는 방식이었습니다. 그 과정에서 학습 내용이 머릿속에 오래 남게 되었고 단순 암기보다는 '키워드'를 이용해 학습하는 것이 더 효율적이라는 것을 깨달았습니다. 이러한 노력들을 통해 확률과 통계 과목에서 큰 폭의 성적 상승을 얻을 수 있었습니다. '키워드' 학습 방법이 효율적임을 깨닫고 난 후 다른 과목에도 이 방법을 사용하면서 전체적으로 학업 성적을 올릴 수 있었고, 성취감과 스스로에 대한 자신감을 얻었습니다.

2. 고등학교 재학 기간 중 본인이 의미를 두고 노력했던 교내 활동(3개 이내)을 통해 배우고 느낀 점을 중심으로 기술해 주시기 바랍니다. 단, 교외 활동 중 학교장의 허락을 받고 참여한 활동은 포함됩니다. (1500자)

진로 설계의 시발점이 된 기업인 캠프

교외에서 할 수 있는 진로 탐색 프로그램이 적었기에 교내 활동을 위주로 전공 관련 역량을 끌어올리고자 노력했습니다. 이에 학교에서 진행하는 '기업가 정신 함양을 위한 진로 캠프'에 참가해 기업가 정신이 무엇인지 배우고 진로 관련 분야의 역량 검사를 통해 경영인으로서의 제 모습을 그려 나갔습니다.

캠프에서 진행했던 브레인스토밍을 통한 창업 활동이 기억에 남습니다. 브레인스토밍을 위한 토론을 하던 중 청각 장애인들이 길거리에서 주위의 경보를 듣지 못해 사고를 많이 당한다는 기사가 떠올랐습니다. 그들을 위해 주위 신호를 감지해 경보음을 내는 팔찌를 만들자는 의견을 냈습니다. 마케팅 방법과 원가를 고려한 판매 가격 등 여러 부가 요소를 고려하며 디테일한 부분에 대해 토론했습니다. 마케팅, 감성 공학 등 각각의 목표를 가진 조원들과 도움을 주고받으며 팔찌의 디테일을 결정해 나갔습니다. 한 분야만이 아닌 여러 분야의 지식과 함께 팔찌 제작 계획을 세우면서 경영에서 '팀 플레이'가 강조되는 이유를 배웠습니다. 그 후 음성 인식 기능을 기반으로 한 작동 원리를 고안해 '삶의 질 향상'이라는 슬로건 아래 'Wrist Ear'라는 팔찌를 발표했습니다. 팔찌에 음성 인식 기능과 같은 IT기술을 접목할 방법을 고민하고 조사하면서, IT의 활용도는 제가 아는 것보다 더 무궁무진하다는 것을 깨달았습니다. 'Wrist Ear'는 제게 IT와 경영의 융합이라는 새로운 주제를 제시해 주었고, 산업경영공학을 전공하리라 다짐하는 계기가 되었습니다.

발전의 계기, 토론동아리 'AGORA'

청각 장애를 가지고 있었던 제게 '말하기'는 큰 걸림돌이었습니다. 사람들 앞에선 부족한 자신감에 자주 말을 더듬었고, 발표를 할 땐 친구들의 웃음거리가 되기도 했습니다. '말하기'를 걸림돌이 아닌 디딤돌로 만들기 위해 토론 동아리 아고라에 가입했습니다.

동아리에서 토론을 진행하면서 발언을 할 때마다 어떻게 의견을 상대방에게 확실히 전달할 수 있을지에 대해 고민했습니다. 또한 말을 더듬는 버릇을 고치기 위해 발표 전 그 내용을 혼자 반복하여 말하곤 했습니다. 자율 주행 자동차에 대한 토론 때, 발표 과정에서 시선 처리와 자세가 부자연스럽다는 지적을 들은 후에는 선생님께 그에 대한 조언을 들으며 부족한 점을 채워 나갔습니다. 이러한 노력들을 통해, 말을 더듬는 횟수는 확연히 줄었고 발표도 자연스러워졌습니다. 그 후 발표 실력이 많이 좋아졌다는 이야기를 듣고서 부끄러움이라는 감정은 자신감으로 변하기 시작했습니다. 이 발전은 학교생활을 하는 데 있어 큰 도움이 되었고, 특히 수업 시간에 빛을 발했습니다. 사람들 앞에서 말하길 두려워하던 제가 이제는 그 누구보다 당당하게 말할 수 있게 되면서 스스로가 대견하게 느껴졌습니다. 여러 상황에서 제 말을 확실히 전하며 성취라는 것을, 동아리 가입 후 변화하는 제 모습을 보며 발전이라는 것을 배웠습니다. 이러한 성취와 발전을 통해 만들어낸 디딤돌을 밟고 많은 사람 앞에서 더 당당하게 제 의견을 주장할 수 있도록 노력할 것입니다.

3. 학교생활 중 배려, 나눔, 협력, 갈등 관리 등을 실천한 사례를 들고, 그 과정을 통해 배우고 느낀 점을 기술해 주시기 바랍니다. (1000자)

아직까지는 사회적 소수자는 배려의 대상입니다. 소수자 그리고 장애인 당사자로서 그들의 아픔을 누구보다 잘 알고 있었기에, 누구보다 먼저 앞장서 돕고 싶었습니다. 봉사단 팀장으로 자원하여 적극적으로 활동에 참여한 것은 바로 그 때문입니다.

월 1~2회 하는 활동이었기에 최대한 많은 인원의 참여에 의미를 부여했습니다. 단체 채팅방을 만들어 일정을 조율했습니다. 그 후에는 효율적인 봉사 활동이 이루어지도록 조원들 서로의 상황을 고려해 업무를 분담했습니다. 예를 들어, 배식 봉사를 할 때는 배식 경험이 있던 친구들이 식판에 반찬과 밥을 담고, 나머지는 식판을 어르신들께 가져다 드리는 방식으로 업무를 나눴습니다.

봉사 활동 중 어르신과 이야기를 나눈 기억이 지금도 생생합니다. 어르신과 산책을 하며 소소한 이야기를 나눴고, 그 후 어르신께서 제 손을 잡으며 이야기를 들어 줘서 정말 고맙다고 말씀하셨습니다. 굉장히 보람찼지만, 한편으로는 어르신께서 이야기를 나눌 사람 없이 얼마나 외로우셨을까 하는 생각에 마음 한구석이 씁쓸했습니다. 산책 후, '나눔'이라는 목적 아래 만들어졌던 봉사단이 그 목적을 제대로 수행하고 있는지 의문이 들었습니다. 그 이후 팀원들과 함께 그날의 활동을 되돌아보는 시간을 가졌습니다. 봉사 활동 이후 요양원 분들께 고칠 점을 여쭸고 그것에 대해 팀원들끼리 의견을 교환했습니다. 식사 시간에 분위기가 너무 무겁다는 의견이 나온 다음의 활동에서는 팀원들이 어르신들께 직접 다가가 말동무를 해 드리며 무거운 분위기를 밝게 개선했습니다. 그렇게 관련된 사람들 모두가 만족하는 변화를 가져올 수 있었고 '나눔'이라는 것이 무엇인지 되새겨 볼 수 있었습니다.

추운 겨울, 마지막 봉사를 마치며 느꼈던 그 감정은 아직도 잊지 못합니다. 팀장으로서 큰 문제나 갈등 없이 봉사단을 이끌었던 스스로가 너무나 뿌듯했고, 여러 사람들과 소통하면서 살아가는 것의 즐거움을 느낄 수 있었습니다. 이제는 대학에 입학해서 더 많은 사람들을 만나고, 더불어 살아가고 싶습니다.

4. 해당 모집 단위 지원 동기를 포함하여 고려대학교가 지원자를 선발해야 하는 이유를 기술해 주시기 바랍니다. (1000자)

양잠업과 농업 경영을 하는 집안 환경 속 반복되는 처리 방식에서 일을 더 효율적으로 처리할 수 있는 방법을 고민해 보곤 했습니다. 파종 과정에 현재 습도와 토양의 상태 등의 요인을 고려해 파종 과정을 관리하는 IT 기술을 도입할 수 있다면 처리가 훨씬 효율적일 것이라는 생각이 들었습니다. 또한 돈의 출입 및 농업 자원이 사용되는 모습을 보면서 경영에 관심을 가졌습니다. 그렇게 경영과 IT에 대한 호기심을 가지고 고등학교 입학 후 참여한 기업인 캠프에서 IoT와 기술 경영에 대해 사고의 폭을 넓혀 나갔습니다. 그 과정에서 진로를 효율을 필두로 한 'IT와 경영의 융합'으로 구체화시켰고, 자연스럽게 산업경영공학과 IT 컨설턴트라는 직업을 접했습니다. 새로운 것을 배우기 좋아했던 제게 다양한 분야의 지식을 쌓고 융합한다는 학과의 특징은 큰 매력으로 다가왔습니다. 또한 IT 컨설턴트는 진로가 구체화된 모습이었고, IT 컨설턴트가 되고자 산업경영공학과에 지원했습니다.

산업경영공학과에서 정보 시스템과 경영에 대한 내용을 배움에 있어, 경영 분야에서 요구되는 의사소통 능력과 IT 분야의 분석력, 프로그래밍 능력이 중요하다고 생각했습니다. 봉사단 팀장으로서 활동을 주도하고, 학급 반장으로서 화합을 도모하거나 밝은 분위기 조성을 위해 노력하며 의사소통 능력을 키웠습니다. 학업에 있어, 공간 도형의 학습 및 그 어려움 해소를 위해 '정사영 시뮬레이터'라는 프로그램을 개발했습니다. 개발 목적 충족을 위해서는 학생들이 겪는 어려움에 대한 분석이 필요했습니다. 설문 조사를 통해 정리한 결과를 토대로 프로그램을 개발하면서 분석력과 프로그래밍 능력을 길렀습니다.

제 목표는 인간 공학과 기술 경영을 기초로 효율적 경영 시스템을 설계해 대한민국 산업 분야 발전에 기여하는 것입니다. 이러한 제 모습은 고려대학교가 추구하는 '국가와 인류 사회 발전에 필요한 인재 육성'이라는 가치와 부합한다고 생각합니다. 자유와 진리의 정신을 바탕으로, 공동체의 발전에 기여하며 미래를 개척해 나가는 IT 컨설턴트가 되겠습니다.

02. 자연계열 식품영양학과

- 고등학교 : 사북고등학교 (강원도)
- 대학 및 학과 : 연세대학교 생활과학대 식품영양학과
- 학번 : 20학번

◆ 내신 등급

구분	1학년		2학년		3학년	평균
	1학기	2학기	1학기	2학기	1학기	
전 과목	1.13	1	1	1.08	1.07	1.05
국영수탐	1.0	1.0	1.0	1.0	1.0	1.0

◆ 모의고사 및 수능 등급

과목	국어	영어	수학	탐1	탐2
6모평		1	3		
9모평	4	1	3	3	4
수능	4	1	3	2	4

◆ 수시 합격/불합격 결과

대학	학과(부)	전형	합/불
연세대학교	식품영양학과	활동우수형	합
연세대학교	식품영양학과	면접형	불
고려대학교	보건융합과학부	학교추천 1	불
고려대학교	보건융합과학부	특기자	불
한양대학교	화학공학과	교과	합
인제대학교	의예과	교과	불

◆ 비교과 활동

(1) 자율활동

학년		주요 활동
1학년	1학기	학급실장
	2학기	학급실장, 인구 문제 프로젝트 '정선군 가상 인구 만들기'
2학년	1학기	학급실장, 과학 실험 프로젝트 '옥수수 불검화 추출물을 이용한 발포형 구강 청결제 제작'
	2학기	학급실장, 지역 문제 해결 프로젝트 '탄광테마카페 설립하기'
3학년	1학기	학급실장

(2) 동아리활동

학년	동아리	활동내용
1학년	나눠드림 (교육봉사 동아리)	초등학교 5학년 학생의 멘토가 되어 다양한 수업을 직접 계획하고 진행함. 그림 그리는 것을 좋아하는 멘티의 특성을 살려 그림 영단어장을 만들며 영어 수업을 진행함. 이외에도 화학 키트를 이용해 천연 치약 만들기, 액체에 재료를 첨가해 굳기와 질감 비교하기, 페이퍼 토이 만들기 등의 창의적인 수업을 진행하여 멘티의 흥미를 유발함.
	과학 동아리	천문 관측회, 캄보디아에 영어 책 보내 주기 운동, 프로젝트 연구(가상 인구를 통한 정선군 인구 문제 해결 가능성 연구)에 적극 참여함 - 과학적인 지식을 요하는 프로젝트가 아님에도 보고서 작성하고 발표하는 활동을 과학 동아리에서 진행함.
2학년	체인지메이커	지역에 대한 부정적 인식 문제를 해결하고자 지역 특색을 살린 탄광 테마 카페 설립을 위한 활동을 함. 사회적 기업을 학교 내 협동조합 개념으로 이용하여 계획하고 설립하는 과정에 있음.
	과학 동아리	'옥수수 불검화 추출물을 이용한 발포형 구강 청결제 개발 가능성 탐구'를 주제로 연구 보고서를 완성함. 정선 지역에서 흔히 발견되는 옥수수의 구강 청결 효과를 뮤탄균에 대한 항균활성 실험의 방법으로 분석하였으며 이것이 발포형 구강청 결제로의 가능성에 대해 탐구함. 이를 통해 농가 수입을 이룰 수 있는 가능성도 파악함.

	기숙사 아침 스터디 동아리	기숙사에서 자율적인 스터디가 되지 않는 학생들의 문제점을 파악한 후 동아리를 개설하여 학업에 대한 실력 향상을 도모함.
3학년	체인지 메이커	2학년 때 지역 문제를 해결하기 위해 계획하고 설립한 사회적 기업의 운영을 기획함. 특히 지역 사회와 연관하여 발전할 수 있는 창의적인 아이디어 창출에 지속적인 노력을 기울이며 활동을 알리기 위해 영어로 직접 내레이션 한 영상을 유튜브에 업로드함.
	과학동아리	과학의 날 행사 시 생명 퀴즈 및 화학 부스를 운영하여 행사 전반에 대한 기획 및 진행을 주도함.
	기숙사 아침 스터디 동아리	학생들의 전반적인 출결과 학습량을 관리하고 자기 주도 학습을 이끎.

(3) 봉사활동

학년	장소/주관기관	활동내용	누계시간
1학년	영월/노인전문요양원	어르신들 식사 보조, 청소 활동, 말벗 등의 봉사 활동	8
2학년	강릉해양수련원	해변 청소 봉사 활동 등 환경 정화	6
	태백 요양원	김장 봉사, 공연 및 말벗 제공	7
	사북청소년장학센터	키즈카페 놀이 보조 및 환경 정리	14
3학년	사북청소년장학센터	키즈카페 놀이 보조 및 환경 정리	16

(4) 독서활동

학년	과목/영역	책 제목
1학년	사회	심리학 열일곱 살을 부탁해, 처절한 정원, 앙겔라 메르켈
	과학	화학으로 이루어진 세상, 줄기세포 발견에서 재생의학까지
	공통	1984, 난쟁이가 쏘아 올린 작은 공, 꾸뻬 씨의 행복 여행, 원미동 사람들, 내 이름은 망고, 처음 읽는 미래 과학 교과서 3, 천재들의 과학노트 2, 미술관에 간 의학자, 수학 시트콤, 우리 역사 속 수학 이야기

2학년	문학, 독서와 문법	시간을 파는 상점, 덕혜옹주, 자유론, 평양 자본주의 백과전서
	미적분1, 미적분2	수학 교과서, 영화에 딴지 걸다, 수학에서 꺼낸 여행
	물리1, 화학1	4차 산업혁명 상식사전, 4차 산업혁명시대 - 문화경제의 힘, 역사를 바꾼 17가지 화학이야기
	공통	명견만리: 인구, 경제, 북한, 의료
3학년	화법과 작문	미움 받을 용기
	확률과 통계, 기하와 벡터	피어슨이 들려주는 두 집단의 비교 이야기, 재미있는 수학여행 3 - 기하의 세계
	동아시아사	세계사를 바꾼 10가지 약
	물리2, 화학2, 생명과학1	의료 인공지능, 나쁜 과학자들, 우리 집에 화학자가 산다, 침묵의 봄, 인간 유전 상식 사전 100, 물질에서 생명으로, 응급실에 아는 의사가 생겼다
	공통	왜 식량이 문제일까?

◆ 자기소개서

1. 고등학교 재학 기간 중 학업에 기울인 노력과 학습 경험을 통해 배우고 느낀 점을 중심으로 기술해 주시기 바랍니다. (1000자)

연구원에게 가장 중요한 덕목은 '불편에 대한 저항'이라고 생각합니다. 화학생명 분야에 대한 관심으로 《치약에서 나노까지 대한민국 화학 산업 이야기》를 읽고 일상생활과 밀접하게 연관된 기초 과학의 중요성을 인식하였습니다. 그리고 이 책에서 언급된 치약을 연상하며 공항 검색대를 통과하던 중 액상형 구강 청결제를 반납해야 했던 경험을 떠올리게 되었습니다. 만약 발포형으로 제작되었다면 휴대가 용이하여 폭발 위험으로 반납하는 일은 없었을 것입니다. 특히 폐광 이후 관광 자원 외에 기댈 곳

없는 저희 고장의 특산물 중 하나인 옥수수가 잇몸 질환 치료에 탁월함을 알고 이를 활용할 계획을 세우게 되었습니다. 그래서 과학 동아리 시간에 '옥수수 불검화 추출물을 이용한 발포형 구강 청결제 제작 가능성 연구'를 주제로 실험을 진행하였습니다. 직접 추출한 옥수수 분말에서 충치균인 뮤탄스균에 대한 항균활성이 있다는 것을 확인하였고, 발포제형을 위해 필요한 재료들을 비율에 맞게 타정하였습니다. 연구를 준비하며 기존의 액상형과 달리 '발포형 구강 청결제'는 휴대가 용이하고, 잇몸 질환을 악화시킬 수 있는 특별한 화학 성분이 포함되지 않았다는 점, 옥수수를 이용하여 우리 지역의 경제 발전에 이바지했다는 점으로 좋은 평가를 받았습니다. 저의 최대 고민이었던 향과 발포 시간 등에 대한 아쉬움은 자일리톨과 멘톨의 함량 조절, 발포제형의 부피 계산 등의 추가 실험으로 개선할 계획을 세웠습니다. 이 연구는 음식의 기존 성분을 이용하여 새로운 물질을 만든다는 점에서 식품공학에 대한 관심을 가지게 해 주었습니다. 또한 발포형으로 제작하면서 탄산수소나트륨이 물과 만나 CO_2를 발생시키는 산염기 반응을 확인할 수 있었습니다. 이는 2학년 화학 수업에서 산염기 반응의 이론을 이해하는 데 도움이 되었고, 실험을 통해 체화시키는 자세를 배울 수 있었습니다. 위와 같은 활동을 통해 실험 및 학업 계획의 수립에 있어 '불편에 대한 저항'을 가지고 고민하며 식품을 활용해 인류의 번영에 이바지할 수 있는 연구원으로서 성장해 나갈 것입니다.

2. 고등학교 재학 기간 중 본인이 의미를 두고 노력했던 교내 활동(3개 이내)을 통해 배우고 느낀 점을 중심으로 기술해 주시기 바랍니다. 단, 교외 활동 중 학교장의 허락을 받고 참여한 활동은 포함됩니다. (1500자)

제가 거주하는 강원도 정선은 빼어난 자연 경관을 갖췄으나, 인프라가 부족하여 인구가 감소하고 있습니다. 저는 지역 구성원으로서 이에 관심이 많았고, 지역의 가장 큰 문제는 '인구 감소와 그로 인한 경제 침체'라고 생각하여 고민하였습니다. 이러한 문제점을 같이 인식하게 된 학생들과 문제를 해결하기 위해 논의하였고, 지역 활성화를 위해 단순한 인구 늘리기 대책이 아닌, 새로운 접근이 필요하다고 생각하였습니다. '정선군 가상 인구 프로젝트'라는 이름으로 직장과 거처를 옮기지 않고, 가상 군민으로서 정선군민과 동등한 혜택을 누리고, 실제 정선군민이 되어 거처를 옮긴다면 기존 지역에서 받던 혜택을 더 높게 받을 수 있는 정책을 고안하였습니다. 이를 알리기 위하여 정선군청 인구정책총괄 팀에 정책 제안을 하였습니다. 이외에도, 정선군청 사이트를 이용하기 어려운 점을 발견하여 군청을 직접 방문해 사이트 내에 개편되었으면 하는 분야를 찾아 건의하였습니다. 그 결과로 '아리아리 쇼핑몰'과 '정선군민 되기'의 배너가 새로 생겨났고, 군청 사이트도 이전과는 다르고 쉽게 이목을 끌 수 있도록 개편되었습니다. 위 활동과 연구 성과물들의 타당성을 군청에서 검토한 후 이를 반영한 정선군청 관광 홍보 책자가 배부되었습니다. 학생들의 작은 목소리라도 모여서 제안하고 그것이 수정되어 받아들여진다는 점에서 시민으로서 적극성을 배울 수 있었습니다. 또 앞으로도 주변의 문제를 인식하고 상황에 맞는 적절한 아이디어를 내어 좋은 시스템을 구축하는 데 주력하고 싶다고 느꼈습니다.

이를 통하여 학교 지역 사회의 문제를 스스로 발견하고 그 문제를 해결하는 교내 동아리인 '체인지 메이커'를 만들었고 '강원도 청소년 체인지 메이커 성과 공유회'에도 참여할 수 있었습니다. 성과 공유회를 통해 사회적 협동 조합 '콜콜(call coal)'을 설립하여 지역 경제 활성화를 위한 '탄광 테마 카페'의 창업을 추진하였습니다. 다른 지역과 차별성을 둘 수 있는 관광 소재인 탄광을 이용하여 탄광 테마 카페, 즉 감동을 주는 연탄 '감탄'을 만들고자 하였습니다. 판매하는 메뉴와 인테리어를 탄광과 관련지어 제작함으로써 우리 지역만의 특색 있는 사업을 계획하였습니다. 과거에 탄광이 사북을 대표하고 경제의 중심이었던 것에서 착안하여 연탄 모양의 빵을 우리 지역에서 생산되는 농산물을 식재료로 사용하여 만들었습니다. 또한 카페 내에 전시되어 판매될 다양한 연탄관련 아이디어 상품들이 지역의 경제를 높이는 데 큰 기여를 할 수 있다고 생각하였습니다. 현재는 강원도 청년몰 사업단의 도움을 받아 사회적 협동 조합 설립을 준비하고 있으며 바쁜 학업 속에서도 지역 경제 활성화를 위해 힘을 쏟고 있습니다. 저는 협동 조합의 경험을 통해 폐광이라는 위기를 기회로 삼아 아이디어 상품들을 개발할 수 있었고, 이는 이타적 삶을 살아가는 원동력이 되었습니다. 나아가 현재 우리가 당면하고 있는 환경 오염, 미세먼지 등의 문제를 인식해 지역 사회를 더 발전시키고 싶다고 생각하였고, 제가 꿈꾸는 식의약품 개발을 통해 이루어 나갈 것이라고 다짐하였습니다.

3. 학교 생활 중 배려, 나눔, 협력, 갈등 관리 등을 실천한 사례를 들고, 그 과정을 통해 배우고 느낀 점을 기술해 주시기 바랍니다. (1000자)

고등학교에 입학해서 학교생활에 적응하지 못하는 친구가 있었습니다. 특히 이 친구는 수업 시간에 들어오지 않는 등의 이유로 일부 선생님들과 불화가 있었고, 소극적이어서 친구들과 대화도 잘 나누지 않았습니다. 저는 2학년 때 같은 반 실장으로서 먼저 이 친구에게 관심을 가졌고, 춤추는 것을 좋아한다는 사실을 알게 되어 학급 전체가 참여하는 '학교 폭력 예방 플래시몹 경연 대회'에 이 친구를 앞줄에 세울 것을 추천하였습니다. 서투른 안무 모습이 보이기는 했지만, 친구들 앞에 서는 자신감을 얻고 반 친구들과 자주 소통하기를 기대하였고 그 결과 저희는 경연대회에서 1등을 하였습니다. 그 이후 평소 마음 표현을 하지 않았던 친구는 반 친구들에게 사탕도 나누어 주고, 시험 범위와 교과서 수학 문제를 물어보기도 하는 등 적극적인 소통을 이루어 나갔습니다. 변화된 친구의 모습을 보면서 저는 소외될 수 있는 측면까지 함께 성장시키는 주도적인 역량을 발휘하였다고 느꼈습니다.

이외에도 기숙사 프로그램 편성을 통해 건강한 면학 분위기를 형성하고자 하였던 적이 있습니다. 사감 선생님께서는 기숙사생들이 늦은 시간까지 어울려 놀고, 시험 기간에는 밤을 새는 등의 문제를 항상 일삼으셨습니다. 또한 부적절한 행동으로 퇴출당하는 학생들까지 늘어나면서, 학교 선생님들에게 기숙사는 부정적인 이미지를 심어 주었습니다. 저는 이런 상황 속에서 기숙사 프로그램을 통해 활기찬 학습 분위기를 형성하고 싶었고, '아침 스터디' 동아리를 개설하였습니다. 밤을 새서 무리하고 다음 날 수업까지 어려움을 겪는 악순환을 끊고, 바쁜 아침 시간을 효율적으로 이용하여 자기 주도적 학습을 할 수 있는 환경을 마련해 주었습니다. 또한 서로의 출석률과 공부 시작 시간을 체크하여 서로에게 자극이 되는 스터디를 통해 친구들의 학업 역량까지 늘릴 수 있었습니다. 저는 앞으로도 이러한 문제점들을 인식하고 누군가에게 항상 도움을 줄 수 있는 사람이 되어갈 것입니다. 대학 진학 후 발생하는 문제점들에 대해서도 적극적으로 인식하여 개선하고 싶습니다.

4. 해당 모집 단위에 지원하게 된 동기와 지원하기 위해 노력한 과정을 구체적으로 기술하시오. (1500자)

고등학교 2학년 때 'GMO 완전 표시제'에 관한 기사를 접한 후, 우리 생활 곳곳에 GMO 표시를 하지 않은 먹거리들이 많다는 사실에 놀랐습니다. 이 과정에서 소비자의 선택할 권리를 보장하고 식량 자원의 대안으로서 표시제의 확대가 필요하다고 생각하였습니다. 또한 수업시간에 'GMO 완전 표시제'에 대해 찬성 입장을 표하며 인류 삶의 질을 높이는 안전한 식의약품을 연구하는 사람이 되겠다고 다짐하였습니다. 이는 '옥수수 불검화 추출물을 이용한 발포형 구강 청결제'를 연구하며 관심을 더욱 가지게 되었습니다. 나아가 '역사를 바꾼 17가지 화학 이야기'를 읽으며 화학자들의 결과물이 사용자의 필요성에 따라 긍정적 요소로 변이 될 수 있음을 알게 되어, 인류의 발전에 이바지하는 연구원이 되겠다는 목표를 세울 수 있었습니다.

이를 위해서는 타인을 배려하는 마음을 가지는 것이 우선이라 생각하여 지역 사업 활성화 방안과 교육봉사 활동 등을 모색하며 실천하였습니다. 특히 우리 지역에서 발생한 역사적 사건인 '사북항쟁'을 소개하여 탄광 근로자들의 아픔을 알렸고, 작은 아이디어를 가진 학생들이 모여 멘티와 지역 사회에 공헌할 수 있음을 알게 되었습니다. 이러한 저의 활동은 스스로 고민하고 창의적으로 해결하는 데에 도움을 주었고, 나눔의 가치를 깨닫게 해 주었습니다. 또한 영어 역량을 키우고자 영어 회화에서 '위안부의 비애'를 주제로 원어민 선생님과 한국사의 슬픔을 공유하였고, 지역 발전을 위한 프로젝트를 영어로 소개 발표하였습니다. 나아가 최근 전 세계적인 주목을 받는 '남북 간의 관계'를 알리고자, 분단 역사와 통일의 당일성을 담은 UCC를 영어로 제작하였습니다. 이런 영상들을 직접 내레이션 하였고, 유튜브 조회수가 늘어나는 양상을 보며 프로젝트의 영역이 확대됨을 인지하였습니다. 이외에도 사회 일원으로서 사회와 동아시아 수업을 통해 사회 현상에 관심을 가졌고, 때마침 '라돈침대 파동' 기사를 접하여 안전한 화학 제품의 중요성을 알렸습니다. 또한 《위대하고 위험한 약 이야기》를 읽고서 '가습기 살균제 참사'는 21세기에 절대로 일어날 수 없는 비극이며 의약품과 화학물질 안전 관리를 위한 제도 개혁의 필요성에 대해 발표하였습니다.

저는 식의약품 연구원이 되어 성실함과 창의성을 중심으로 식품 산업을 이끌어가는 데에 도전하고 싶습니다. 특히 식품영양학과의 수업을 통해 식품 산업에서 연구원이 갖추어야 할 자질을 함양하고 기술적 문제의 창의적인 해결 능력을 배우고 싶습니다. 나아가 최근 미세먼지의 위험성이 높기 때문에 이에 대한 방안을 마련하고 싶습니다. 생체 모방 기술로서 김이나 미역과 같은 해조류의 성분인 알긴산의 흡착한다는 특징을 이용하여 미세먼지 마스크를 제작한다면 탁월한 제품을 상업화할 수 있을 것입니다. 저의 이러한 창의적인 학문 탐구와 실천 능력들은 대학 입학 후 직면하는 많은 문제들에 과감히 도전하는 데에 도움이 될 것입니다. 연세대 식품영양학과에서 저의 포기하지 않는 열정과 창조 능력을 바탕으로 교육 이념을 실천할 수 있는 기회가 주어지길 기대합니다.

02. 자연계열 전기전자공학부

- 고등학교 : 오송고등학교 (충북)
- 대학 및 학과 : 연세대학교 전기전자공학부
- 학번 : 19학번

◆ 내신 등급

구분	1학년		2학년		3학년	평균
	1학기	2학기	1학기	2학기	1학기	
전 과목	1.6	1.8	1.42	1.5	2.13	1.69
국영수탐	1.6	1.5	1.5	1.08	2.2	1.57

◆ 모의고사 및 수능 등급

과목	국어	영어	수학	탐1	탐2
6모평	1	1	3	1	1
9모평	1	1	2	1	1
수능	1	1	2	1	1

◆ 수시 합격/불합격 결과

대학	학과(부)	전형	합/불	비고
연세대학교	전기전자공학부	면접형	합	추합
고려대학교	전기전자공학부	학추2	합	추합
연세대학교	전기전자공학부	활동우수형	불합	
서울대학교	전기정보공학부	일반	불합	
성균관대학교	반도체시스템	글로벌인재	불합	
한양대학교	융합전자공학부	일반	합	추합

◆ 비교과 활동

(1) 자율활동

학년	주요 활동
1학년	1) 학년 자율 자치회 소통지원부 부원 2) 현장 체험 학습 레크레이션 주도적, 한라산 등반 3) 도전 골든벨 학교 대표 4) 체육 대회 학급 대표 5) 굿네이버스 희망 가방 제작 6) 인문학 독서 교실- 영화 '인터스텔라', '마션'속 물리 현상과 오류 찾아내기, '논어'의 현대적 가치 토론하기 7) 두리가족캠프 - 부모님과의 활동 8) B.O.P 소논문 프로젝트 학술제 - 소논문 작성
2학년	1) 멘토 멘티 프로그램을 지역 사회로 확장하는 프로그램 제안, 실행 2) 《프랑켄슈타인》을 읽고 기술 상용화에 대한 토론, 연구원의 윤리 의식 생각 3) 체육 대회 협동심 4) 돌다리 축제에서 직접 개발한 학교 어플리케이션 설명, 방탈출 부스 운영, 의견 반영하여 어플리케이션 기능 수정, 방탈출은 직접 짠 프로그램을 이용 5) 과학 탐구 실험, 청소년 과학 탐구 활동- 이론의 습득 이후 실제로 적용, 원리 이해 6) 프로 야구 관람, 프로 농구 관람
3학년	1) 학급 부실장 - 질문지, 모의고사 날 직접 편지 써서 응원 2) 학급 특색 활동 'Today's science' 폴더블 스마트폰 소식 3) 학급 특색 활동 '삼육토론' 4) 과학 창의력 문제 해결 발표회 5) 창의 사고 카프라 세상 - 정십육각형 두 개, 돔 형태 지붕 6) 오송삼품제에서 일품 수여

(2) 동아리활동

학년	동아리	활동내용
1학년	창체_토기	지하철 여성 전용 칸, 누진세 등의 토론, 사회적 이슈 뿐 아니라 과학과 관련된 토론
	BOP_Mathest	보로노이 다이어그램을 이용하여 청주 흥덕구 지역 경찰서 관할 구역 재설정이라는 주제로 탐구, 보고서 작성

2학년	창체_semicolon(;)	부장, C언어와 코드블럭에 구현하는 방법, 반도체 종류 기능, 전자 회로도를 브레드보드에 옮기는 방법 설명. 바이플러그를 이용한 학교 어플리케이션 제작, 수학 축전과 학교 축제 부스 운영
	BOP_NNFC	와이파이 위험성에 대해 연구, 피해를 예방하기 위한 활동, C언어를 이용한 프로그램을 직접 구상, 사용.
	자율_한빛도우미	동화책 번역 활동- 기본적인 교육권을 보장받지 못하는 아이들을 위한 캠페인 활동
3학년	창체_세미콜론	레고마인드스톰을 이용하여 로봇 제작
	`자율동아리_바이트	물리 멘토, 진로 발표, 반도체의 정의 종류 설명 등
	자율동아리_콜론	동아리 장, 프로그래밍에 대한 기초적인 내용 실습, 계산기 프로그램, 로또 프로그램, 반복문, 조건문 등 멘토 역할

(3) 봉사활동

학년	장소/주관기관	활동내용	누계시간
1학년	청애원 등	멘토링 활동, 청경지킴이 활동, 청애원 봉사 활동, 대한민국 과학창의축전 부스 운영, 충북 수학 축제 부스 운영 도우미	281
2학년		영어 학급 멘토, 수학 학급 멘토, 수학 축전 부스 운영, 생명과학1 학습 도우미, 꽃 기르기	93
3학년		과학 과목 멘토 도우미	56

(4) 독서활동

학년	과목/영역	책 제목
1학년	국어1	아우를 위하여, 우리들의 일그러진 영웅, 나목, 눈길
	국어2	플라톤의 국가
	수학1	페르마의 마지막 정리, 범죄수학
	실용영어 독해와작문	The great Gatsby
	생활과윤리	살아온 기적 살아갈 기적, 정의란 무엇인가

	과학	일렉트릭 유니버스, 전자를 알고싶다, 알고리즘으로 배우는 인공지능, 머신러닝, 딥러닝 입문
	공통	용의자 X의 헌신, 동급자, 나미야 잡화점의 기적, 모모, 좋은 여행, 넥스트리더십3.0, 리더의 조건, 뇌, 웃음, 제3인류
2학년	문학	오이디푸스왕, 날개, 토지, 크라바트
	독서와문법	오빠를 위한 최소한의 맞춤법
	확률과 통계	통계학, 빅데이터를 잡다, 빅데이터를 지배하는 통계의 힘
	미적분1	수학으로 이루어진 세상, 수학의 언어로 세상을 본다면, 프로그래머, 수학으로 생각하라
	미적분2	수, 과학의 언어, 길 위의 수학자
	실용영어1	The Garden Party
	물리1	브레드보드길라잡이, 윤성우의 열혈 C프로그래밍, 반도체 제대로 이해하기, 쉽게 읽는 반도체 이야기1, 볼쯔만이 들려주는 열역학 이야기, 링크
	지구과학1	우주와의 인터뷰, 지구의 속삭임
	화학1	우리는 어떻게 화학물질에 중독되는가, 같기도 하고 아니 같기도 하고
	생명과학1	프랑켄슈타인, 한국의 GMO 재앙을 보고 통곡하다, 알면 알수록 신비한 인간유전 100가지, 호르몬 밸런스, 생명윤리 이야기
	미술창작	키스해링 저널
	공통	생각한다는 것, 잠, 개미, 인생, 야구에서 배우다, 리더는 사람을 버리지 않는다, 만들어진 생각, 누워서 읽는 알고리즘, 가면산장 살인사건, 방과 후, 거짓말 딱 한 개만 더, 리더의 온도 37.5, 최고의 리더는 아무것도 하지 않는다, 미래를 바꾼 아홉 가지 알고리즘, IT 엔지니어로 사는 법
3학년	확률과 통계	로또 숫자의 비밀, 야구장으로 간 수학자
	기하와 벡터	틀리지 않는 법, 세상을 바꾼 다섯 개의 수 넘버스
	물리2	세계를 바꾼 20가지 공학기술, 반도체 전쟁
	공통	거의 모든 IT의 역사, 고양이, 천공의 별, 십자저택의 피에로, 아날로그로 살아 보기, 먼지 없는 방

◆ 자기소개서

1. 고등학교 재학 기간 중 학업에 기울인 노력과 학습 경험을 통해 배우고 느낀 점을 중심으로 기술해 주시기 바랍니다. (1000자)

'이유 같은 거 묻지 말고 그냥 받아들여.' 제가 주변 사람들에게 자주 듣는 말 중 가장 싫어하는 말입니다. 어릴 때부터 저는 이해되지 않는 것을 넘어가지 못했습니다. 리모컨 내부가 궁금해 분해해 보기도 했던 저로 인해 아마 집의 물건이 열 개쯤은 버려졌을 것입니다. 그래서인지, 고등학교에 입학한 뒤에도 궁금증이 들면 끝까지 탐구하곤 했습니다.

2학년 물리 시간에 라디오의 송, 수신 과정을 공부하며 그 과정에 호기심을 느껴 코일과 콘덴서, 다이오드를 이용해 라디오를 직접 만들었고, AM 라디오를 수신하기 위한 숱한 시도 끝에 성공하였습니다. 이후 다른 주파수의 라디오를 청취하고 싶은 생각이 들었고, 이를 위해 조사를 진행하였습니다. 고유 주파수를 결정하는 것은 코일과 축전기의 리액턴스이며, 코일의 감은 수와 축전기의 전기 용량을 바꾸어 조절할 수 있다는 것을 알게 되었고 두 가지 주파수의 라디오를 들을 수 있었습니다.

한 친구의 이름이 두 가지로 발음되었고, 다들 본인이 부르는 발음이 옳다고 주장하곤 하였습니다. 저는 어떤 것이 맞는 발음인지에 대한 궁금증이 생겼습니다. 조사를 통해 'ㄴ자 첨가'와 '연음'에 의한 현상이라는 것을 알았고, 이름을 합성어로 보면 'ㄴ 첨가' 단일어로 보면 '연음'에 의한 발음이 옳은 발음이라는 것을 알 수 있었습니다. 인물의 이름은 성과 이름의 합성어라고 생각하였기에 'ㄴ 첨가' 현상을 적용하는 것이 옳다고 결론지었습니다. 실생활에서 아무 생각 없이 발음하는 이름의 표준 발음법을 찾아보고, 적용해 본 경험이었습니다.

수업 시간에 배운 내용을 직접 확인해 보자 이해가 더 쉬워졌으며, 즐겁게 공부할 수 있었습니다. 그 과정에서 유발된 다른 궁금증을 해결하며 심화적인 내용을 얻을 수 있었습니다. 또한, 스스로 생긴 호기심을 조사와 실습을 통해 직접 해결했다는 사실은 저에게 자신감을 심어 주었습니다. 모든 분야에 있어 '왜?'라는 질문에 '그냥'이라 답하지 않고 확실한 이유를 대고자 노력하는 것은 제 고등학교 공부의 밑바탕이 되어 주었습니다.

2. 고등학교 재학 기간 중 본인이 의미를 두고 노력했던 교내 활동(3개 이내)을 통해 배우고 느낀 점을 중심으로 기술해 주시기 바랍니다. 단, 교외 활동 중 학교장의 허락을 받고 참여한 활동은 포함됩니다. (1500자)

저는 멘토-멘티 활동을 지역사회로 확대해 초, 중학생들도 참여할 기회를 만들면 좋겠다고 생각하고 있었습니다. 그래서 이런 내용을 기획하여 'ㅇㅇ공부방'이라는 이름으로 학생 학부모 제안 프로그램 공모전에 제출하였습니다. 제 기획안은 좋은 평가를 받아 실제로 운영되었습니다. 우리 학교 학생들은 국어, 수학 등 교과목뿐 아니라 캘라그래피 등 다양한 분야에서 초, 중학생들의 멘토가 되어 주었고, 그 과정에서 서로 유대감을 쌓고 지식을 나누며 만족감을 드러냈습니다. 또한, 이 활동이 지역 사회에 큰 반향을 일으켜 지역 뉴스에 나오고, 라디오에 소개되기도 하였습니다. 학교 내의 활동을 지역으로 확대시키는 과정에서, 지역 공동체와의 소속감을 느낄 수 있었고, 고등학생의 신분으로 사회를 위해 할 수 있는 일을 고민해 보게 되었습니다. 수업 시간에 배운 운동, 노래 등의 내용을 지역 어르신들과 나누는 프로그램이나, 지역 사회와 함께하는 학교 축제와 같은 프로그램으로 확대된다면 학교와 지역 사회가 함께 발전하는 기회가 될 거라 생각하였습니다. 미래에도 이처럼 사회에 도움이 될 수 있는 일을 찾아서 하는 사람이 되고 싶어졌습니다.

'보로노이 다이어그램을 이용한 지역 경찰서 관할구역 재설정'을 주제로 탐구한 경험이 있습니다. 저는 가중치를 설정하고 적용하여 작도하는 역할을 맡았습니다. 조사한 인구, 경찰력, 범죄 수에 경찰관분들의 설문 조사 결과를 바탕으로 가중치를 두고, 각각의 수치에 이중 제곱근을 취해 활용 가능한 수치를 내어 작도를 진행했습니다. 수치를 대입하여 작도하는 것은 비율이 음수가 나오는 지역도 있었고, 실수를 반복해 작도를 수없이 해야 했기에 쉬운 일이 아니었습니다. 그러나 이 활동을 통해 한 가지 결과에 대해서도 여러 원인이 영향을 미치는 것을 알게 되었습니다. 또한, 문제만 푸는 학문이라고 생각했던 수학이 이렇게도 적용될 수 있다는 것을 알자 흥미가 더욱 높아지게 되었습니다. 이를 통해 얻게 된 것들은, 이후 수학 문제를 풀거나 실험을 하는 등의 활동을 할 때 다양한 관점으로 바라보며 문제를 해결해 나갈 수 있는 원동력이 되었습니다.

연구 주제를 정하던 중, 공용 와이파이의 위험성에 대해 알게 되었습니다. 사전 설문 조사를 통해 학생들의 경각심 없는 와이파이 사용 실태를 확인하고 공용 와이파이의 위험성을 알리겠다는 목적으로 '공용 와이파이의 위험성'에 대한 연구를 진행했습니다. 무차별 대입 공격과 네트워크 패킷 조사를 통해 숫자로만 구성된 비밀번호는 쉽게 공격당하며 정보가 노출된다는 것을 알았습니다. 또한, 직접 짠 프로그램으로 비밀번호의 구성을 달리 설정해 보며 비밀번호가 복잡해질수록 보안성이 기하급수적으로 증가한다는 사실을 수치로 확인하였고, 이를 친구들과 공유하였습니다. 이전까지 널리 알려졌던 결과를 확인하는 실험만을 주로 해왔던 저에게 어떤 정보를 알아내고 이를 알려 누군가의 피해를 방지하고, 도움을 주는 일은 큰 의미로 다가왔습니다. 그래서 미래에 많은 사람에게 도움이 되는 연구를 진행하여 긍정적인 변화를 이끌고, 세상을 편리하게 만들고 싶다는 목표를 가지게 되었습니다.

3. 학교생활 중 배려, 나눔, 협력, 갈등 관리 등을 실천한 사례를 들고, 그 과정을 통해 배우고 느낀 점을 기술해 주시기 바랍니다. (1000자)

학교 앱을 만들어 보고 싶다는 생각으로 ';(semicolon)'이라는 동아리를 만들어 프로그래밍에 관심이 있는 학생들을 모아 활동을 시작했습니다. 앱을 개발하기 위해서는 C 언어, UI 등 미리 학습하고 확실히 이해해야 하는 것들이 있다 보니 부원들이 이해하는 속도에서 차이가 생겼습니다. 이해가 더딘 부원들에 의해 앱 개발이 늦어졌고, 서로 비난하는 분위기가 형성되었습니다. 결국, 자신이 없다며 포기하려는 부원들이 생겨났습니다. 동아리 활동을 처음 제안했고 부장의 역할을 맡고 있던 저는 이를 해결하기 위해 노력했습니다. 자신감을 잃은 부원들을 위해 바이플러그라는 더 쉬운 도구를 찾아 알려주었고, 본인에게 맞는 역할을 찾아주었습니다. 시간이 늦어지는 것에 불만을 품은 부원들에게는 다 같이 조금씩 한다면 많은 시간이 걸리지 않을 거라 설득하였습니다. 결국, 모든 부원은 열정을 되찾았고, 맡은 바 책임을 다하여 마침내 학교 애플리케이션을 개발할 수 있었습니다.

저희가 만든 애플리케이션은 완벽하지는 않아 폭넓게 활용되지는 못했습니다. 그러나 애플리케이션이 얼마나 완벽한지에 관계없이 포기하려는 아이들을 설득하여 다 같이 무언가를 성취해냈다는 사실이 저에겐 큰 의미로 다가왔습니다. 요즘 우리 사회는, 능력 중심 사회라고 합니다. 잘될 때는 가족이라고 했다가, 힘들어지면 사람을 가장 먼저 버립니다. 본인이 도움이 안 될 거라며 포기하려던 부원들이 결국 제마다 몫을 해내는 모습을 보며 저는 '자기 자신을 포기하지 않는다면 쓸모없는 사람은 없다.'는 말이 떠올랐습니다. 제가 프로그래밍에 대한 멘토 역할을 했고, 부 활동을 주도하긴 했지만, 활동 과정을 통해 많은 것을 배울 수 있었습니다. 특히 리더가 가져야 하는 책임감, 다 함께하겠다는 마음을 얻게 되었습니다. 또한, 힘들어 보이는 일도 다 함께 노력한다면 해낼 수 있다는 것을 직접 경험할 수 있었습니다. 포기하지 않는다면 어떤 분야든지 저는 필요한 사람일 것이니, 포기하지 말자는 다짐을 하는 계기가 되었습니다.

4. 대학별 문항. 해당 모집 단위에 지원하게 된 동기와 지원하기 위해 노력한 과정을 구체적으로 기술하시오. (1500)

초등학교 2학년 무렵 브레드보드를 처음 접했습니다. 직접 만든 전자회로에서 빛과 소리가 나는 것이 신기해 혼자 각 부품의 역할을 공부하고, 어려운 회로도를 찾아보기도 했습니다. 어느 정도 수준이 되어 꽤 복잡한 회로도도 구현할 수 있게 되자 흥미는 높아졌습니다. 9시만 되면 잠들던 제가 브레드보드 앞에 앉아 공부하면 12시가 넘어도 시간 가는 줄 모르고 마냥 즐거웠습니다. 그러자 자연스레 미래에 전자회로와 관련된 일을 하고 싶다는 꿈을 품게 되었습니다. 이후 영재원에서 관련 심화 내용을 탐구할 기회를 얻었고, 부족한 부분은 혼자 보충해 공부를 계속하였습니다. 전자회로를 구현할 때 사용하던 트랜지스터 등의 부품이 주변에 존재하는 전자 제품을 더욱 발전하게 해 준 반도체라는 것을 알자 반도체에 관한 관심이 생겼습니다. 반도체가 스마트폰, IoT, 인공지능 등 광범위한 분야에서 사용된다는 것을 알게 되자 단순한 흥미가 연구하고 싶은 욕심으로 바뀌었습니다. 지금은 이미 개발된 반도체를 이용하는 입장이지만, 미래에는 발전된 반도체를 제 손으로 직접 개발하고 싶다는 생각이 들었습니다. 전자기파에 의한 해로움이 큰 쟁점이 되는 지금은, 이로 인한 피해를 최소화시킬 수 있는 반도체를 개발하고 싶습니다.

이러한 진로 희망을 품고 있기에 고등학교 입학 후에는 같은 진로를 희망하는 친구와 많은 활동을 진행하였습니다. 수업 시간에 학습한 반도체의 기능을 확인하기 위해 여러 회로를 꾸며 보기도 하였고 공기계를 분해해 보며 스마트폰에 사용되는 집적회로를 눈으로 직접 확인하였습니다. 그 과정에서 교류 전류에 의해 발생하는 힘을 이용하는 스피커를 볼 수 있었으며, 코일과 자석을 확인하였습니다. 이전에 교과 시간에 배운 내용을 바탕으로 코일과 자석을 이용해 헤드셋을 만들어 본 경험이 있기에 작은 크기의 부품이 스마트폰에 들어가 있다는 사실은 매우 신기하였습니다. 수업 시간에 배운 크기가 큰 반도체와 다르게 스마트폰에 들어가는 반도체의 크기는 매우 작다는 것을 다시 한번 깨달았습니다. 또한, 순방향 전압이 발생해야지만 전류가 흘러 빛이 나는 기존의 LED와 다르게, 교류 전압이 걸려 있을 때도 깜빡이지 않는 OLED에 대한 논문을 함께 읽어 보고 서로 의견을 교환하기도 하였습니다. 그뿐만 아니라 책 《프랑켄슈타인》을 읽고 친구들과 토론을 진행하며 어떤 기술이 개발되고 이를 대중에게 알리기 전, 기술에 의해 도래될 것으로 예상되는 문제점에 대한 해결책을 먼저 생각해야 한다는 의견을 제시하였습니다. 이를 통해 어떠한 순간에도 기술이나 기술로 인한 이익보다는 사람, 생명 그 자체가 가장 소중한 것이라는 생각을 하게 되었습니다.

브레드보드를 처음 접한 순간부터 저의 꿈은 오직 한 가지였습니다. 처음에는 전자 회로와 관련된 일을 하고 싶다는 막연한 꿈이었고, 지금은 반도체 연구원이 되고 싶다는 것입니다. 오랫동안 같은 꿈을 꿔 왔기 때문에 더욱 간절합니다. 연세대학교 전기·전자공학부에 진학하여 반도체 소자 수업을 들으며 더욱 구체적인 내용을 배운다면 반도체 연구원이 되어 더 발전된 반도체를 개발하고자 하는 저의 꿈에 한 발짝 다가갈 수 있다고 확신하여 지원하게 되었습니다.

03. 교육계열 교육학과

- 고등학교 : 고양국제고등학교 (경기도)
- 대학 및 학과 : 고려대학교 사범대학 교육학과
- 학번 : 19학번

◆ 내신 등급

구분	1학년		2학년		3학년	평균
	1학기	2학기	1학기	2학기	1학기	
전 과목	2.88	2.70	2.40	3.03	2.24	2.65

◆ 모의고사 및 수능

과목	국어	영어	수학	탐1	탐2
6모평	1(96)	1(98)	1(96)	2	2
9모평	2(96)	1(98)	1(96)	1	1
수능	3	2(89)	1(92)	1(50)	3(46)

◆ 수시 합격/불합격 결과

대학	학과(부)	전형	1차 합/불	최종 합/불
서울대	교육학과	일반전형	합	불
고려대	교육학과	학교추천2	합	최초 합
연세대	경제학부	사회과학특기자	합	불
연세대	교육학부	면접형	불	-
연세대	교육학부	활동우수형	불	-
서강대	경제학과	자기주도형	합	최초 합

◆ 비교과 활동

(1) 자율활동

학년		주요 활동
1학년	1학기	
	2학기	학급 교실 에너지 지킴이 활동 학급 대항 플로어볼한마당에 학급 대표 선수로 참가 학술제에서 미술 창작 수업 시간에 제작한 애니메이션 영상, 지역 이해 교과 글로벌 이슈 프로젝트로 작성한 보고서가 우수 발표작/보고서로 선정
2학년	1학기	'특목고의 일반고 전환에 대한 소고'라는 주제로 사회과학 심화 프로젝트 활동 (1-2학기 걸쳐서) 에너지 지킴이 활동
	2학기	학급 부반장
3학년	1학기	학급 에너지 지킴이 활동 독서 마라톤 참여

(2) 동아리활동

학년	동아리	활동내용
1학년	영자매거진부(정규)	'Child abuse which leads to children's death'라는 제목으로 아동 학대 관련 기사를 작성 대학수학능력시험 특집 기사 작성
	교육관련 학술동아리	교육 관련 문제 탐구(독서/다큐멘터리 시청), 교육학 연합 학술제 개최
2학년	영자매거진부(정규)	'The Future of Education in Korea'라는 주제로 저출산 고령화, 4차 산업 혁명이 우리나라 교육에 미칠 영향에 대해 기사를 작성
	진로학술탐구반(학술)	교육 관련 이슈에 대해 토론. 대통령 후보의 교육 정책 조사 후 정책의 타당성 검증. 우리 학교 교육 문제점 고찰
	진로탐색프로젝트(자율)	심리학 교실 운영. 상담가의 자질을 주제로 토론. 피그말리온 효과 조사, 발표, 카드 뉴스 제작

3학년	철학 동아리(자율)	'돈으로 살 수 없는 것들(샌델)'을 읽고 '기여 입학 제도' 관련 보고서 작성. '학벌 없는 사회'를 주제로 발표 및 보고서 작성. '민주주의와 교육(듀이)' 읽고 보고서 작성
	진로학술심화반	루소의 '에밀'을 읽고 발제 및 토의 진행. 루소의 교육론을 바탕으로 4차 산업 혁명 시대에 필요한 교육을 고민. '최고의 교육(로베르타 콜린코프)'를 읽고 발표하고 보고서를 작성하면서 실마리를 찾고자 함. 세계의 대안 학교와 교육 제도 탐구. 모의 국제 교육 포럼을 개최하여 호주 대표를 맡아 발표.

(3) 봉사활동

학년	장소/주관 기관	활동 내용	누계 시간
1학년	고양국제고	에너지 지킴이	129
	사랑의 집	장애인 생활 편의 지원	
	백석중학교	중학생 대상 교육 봉사 활동(수학)	
2학년	고양국제고	에너지 지킴이	81
	사랑의 집	장애인 생활 편의 지원	
	풍산중학교	학생 맞춤형 학습 멘토링 교육 봉사 활동(영어)	
3학년	사랑의 집	장애인 생활 편의 지원	26
	고양국제고	에너지 지킴이	

(4) 독서활동

학년	과목/영역	책 제목
1학년	국어	나의 라임오렌지나무, 청소년을 위한 사회학 에세이
	지역의 이해	세계의 인구, 맬더스가 들려주는 인구론 이야기, 싱가포르에 길을 묻다, 다문화 사회와 국제이해교육
	사회	청소년을 위한 양성 평등 이야기, 정의란 무엇인가
	공통	넌 네가 얼마나 행복한 아이인지 아니, 이것은 교육이 아니다, 선생님으로 산다는 것, 나는 선생님이 좋아요, 괜찮아 3반, 꾸뻬 씨의 행복여행

2학년	국어	오만과 편견, 난쟁이가 쏘아올린 작은 공, 사씨남정기
	공통	풀꽃도 꽃이다, 핀란드 교육 혁명, 누가 뭐래도 우리는 민사고 특목고 간다
3학년	국어	무진기행, B사감과 러브레터
	사회	가장 민주적인, 가장 교육적인
	영어	오래된 미래, Deschooling Society
	공통	동양의 지혜 : 논어, 흰, 82년생 김지영, 학교란 무엇인가, 평균의 종말, 배움의 도

◆ 자기소개서

1. 고등학교 재학 기간 중 학업에 기울인 노력과 학습 경험을 통해 배우고 느낀 점을 중심으로 기술해 주시기 바랍니다. (1000자)

3학년 심화 영어 수업 시간에 도서 《오래된 미래(헬레나 노르베리 호지)》를 읽고, 에세이를 작성하는 과정은 올바른 학교 교육의 방향을 고민하는 계기였습니다. 라다크 사회는 학교가 없던 시절, 나이 많은 아이들이 자발적으로 어린 아이들을 가르치면서 협력, 책임의 가치를 함양하였습니다. 하지만 서구 문명과 함께 학교가 세워지자 학생들은 나이별로 나뉘었고, 또래 사이에서 경쟁이 일어났습니다. 학교가 상호 협력과 존중과 같은 삶의 중요한 가치를 함양하는 데 도움이 되지 않는다는 사실이 충격적이었습니다. 이를 계기로 오늘날 학교 교육의 부정적인 측면을 떠올렸고, 학교 교육의 실효성에 의문을 가지게 되었습니다. 이는 올바른 학교 교육의 방향에 대한 고민으로 이어졌습니다.

자율 동아리 활동으로 존 듀이에 대해 탐구하면서 해결의 실마리를 찾고자 하였습니다. 듀이의 저서와 관련 논문을 읽어 보면서 '학습자가 학교에서 배우는 것이 실생활과 동떨어져 있다는 것'과 '아동의 능동성을 무시하는 것'이 문제임을 깨달았습니다. 듀이가 지적한 학교 교육의 문제점은 라다크 사회와 우리나라 교육에도 해당되는 이야기라는 생각이 들었습니다. 이러한 문제점을 해결하기 위해 듀이는 지식과 삶이 분리되지 않는 경험과 체험을 통한 교육을 강조하였음을 알게 되었습니다. 이후, 진로 학술 심화반 활동으로 읽은 《에밀》에서 저자 루소가 소년기의 아동들에게 학문적 지식이 아니라 학문을 탐구할 수 있도록 하는 방법을 가르쳐야 하며, 직접 체험함으로써 스스로 유용함을 깨닫도록 하는 교육이 필요하다고 주장한 것이 듀이와 통할 수 있다고 생각하였습니다. 이러한 과정을 거치면서 교육에 대한 듀이와 루소의 문제 의식과 해결 방안에 크게 공감하였습니다.

하지만 300년 전의 루소, 100년 전의 듀이가 지적했던 교육의 문제점이 여전히 교육 현장에 만연하고, 그들이 제안한 교육 철학이 실현되지 않았다는 사실이 안타까웠습니다. 교육 철학에 대한 관심을 확장시켜 이를 교육 현장에 적용할 수 있는 방법을 탐구하는 학업을 이어 나가고자 합니다.

2. 고등학교 재학 기간 중 본인이 의미를 두고 노력했던 교내 활동(3개 이내)을 통해 배우고 느낀 점을 중심으로 기술해 주시기 바랍니다. 단, 교외 활동 중 학교장의 허락을 받고 참여한 활동은 포함됩니다. (1500자)

학급 1인 1역할 중 에너지 지킴이 역할을 맡았을 때, '이동 수업 시 형광등만 끄고 나가면 되겠지'라고 가볍게 생각하였습니다. 하지만, '에너지 지킴이'라는 말의 의미를 되새겨 보니 단순히 전원을 끄는 것뿐만 아니라

'에너지 절약'에 힘써야 하는 역할임을 인식하였습니다. 에너지를 절약해야 한다는 책임감에 형광등을 끄지 않고 이동 수업에 가면 큰 일이 날 것만 같은 기분이 들어 다시 교실로 되돌아가 확인하기도 하였습니다. 특히 여름이 되면, 학생들의 체감 온도가 모두 다른 탓에 더위를 많이 타는 친구들은 에어컨 온도를 낮게 설정하였고, 추위를 많이 타는 학생들은 한여름에도 긴팔에 긴바지를 입어야 하는 상황이 안타까웠습니다. 친구들의 온도차로 인한 에너지 낭비의 심각성을 인식하여 아침 조례 시간에 학급 친구들에게 모두가 만족하는 에어컨 온도를 설정하는 방안을 찾아보자고 제안하였습니다. 상황에 따라 친구들이 체감하는 온도가 계속해서 달라지기 때문에 모두가 만족할 수 있는 특정 온도를 설정하는 것은 불가능했지만, 에어컨으로 인한 에너지 낭비에 경각심을 가지게 되었습니다. 이후 학급 친구들은 자신이 덥더라도, 다른 친구들은 어떻게 느끼는지 되돌아본 후 에어컨 온도를 조절하였습니다. 이를 계기로 에너지를 절약할 수 있는 에어컨 사용 방법에 관심이 생겨 조사해 본 결과, 에어컨을 자주 켜고 끄는 것이 오히려 전력 소비량을 증가시켜 비효율적임을 알게 되어 에어컨을 켠 후 차근차근 온도를 올려 적정 온도 수준으로 유지함으로써 에너지를 절약하고자 하였습니다.

1학년 방과후 신문으로 세상 읽기 시간에 접한 "인구 증가는 곧 재앙이다."라는 토머스 맬서스의 주장은 흥미로웠습니다. 실제로 세계의 인구는 계속해서 증가하고 있지만, 맬서스의 예측대로 되지 않은 이유가 궁금해 맬서스에 대해 조사해 보았습니다. 맬서스는 통계 자료로 미국의 인구 증가율을 계산할 때, 해외에서 유입되는 이민자 수와 본토에서 태어나는 신생아 수를 구분하지 않아 인구가 급격하게 증가하는 것으로 착각하는 통계학적 실수를 범했다는 사실을 알게 되었습니다. 이를 통해 조사 과정에서의 사소한 착오로 결과가 크게 달라질 수 있음을 알게 되었습니다. 하지만, 이 사실을 아는 것과 실제로 통계 조사를 해 보는 것은 차이가 있었습니다. 학업 성취도에 따라 흥미를 가지는 과목이 달라진다는 친구들과의 대화에서 학업 성취도와 과목에 대한 흥미 사이의 연관성에 궁금증이 생겨 이를 주제로 3학년 교내 통계 활용 대회에 참가하였습니다. 설문지를 구성할 때, '해당 과목을 좋아해서 학업 성취도가 높아졌다', '학업 성취도가 높아서 해당 과목을 좋아하게 되었다'라는 이분법적인 선택지로 다른 가능성을 고려하지 않고, 응답자의 선택의 폭을 좁혔습니다. 또한 의미 있는 결과를 이끌어내야 한다는 압박감에 응답 결과에 두드러진 차이가 나타나지 않았음에도 단정적으로 결론을 도출하였습니다. 잘못을 인식함으로써 응답자를 고려하여 모든 가능성을 포함한 설문 문항 구성과 조사자의 주관을 배제한 객관적인 통계 조사의 필요성을 깨달았습니다.

3. 학교생활 중 배려, 나눔, 협력, 갈등 관리 등을 실천한 사례를 들고, 그 과정을 통해 배우고 느낀 점을 기술해 주시기 바랍니다. (1000자)

2학년 말 교내 학급별 캐럴 합창 발표회가 예정되어 있었습니다. 곧 3학년이 된다는 부담감을 가진 많은 2학년 학생들은 참가를 꺼려했으나, 저희 반은 대회 참가 여부로 투표를 진행한 결과, 대다수의 친구들이 함께 즐거운 추억을 만들 수 있을 거라는 생각으로 참가를 희망하였습니다. 캐럴 대회에서 캐럴만 부르는 고정 관념에서 벗어나 모두가 함께 즐길 수 있는 무대를 만들고자 하였습니다. 학급 친구들과 협의 과정을 거쳐 대표적인 캐럴인 머라이어 캐리의 〈All I want for Christmas is you〉로 시작한 후 '쨍그랑' 소리와 함께 김연자 님의 〈아모르 파티〉 노래에 맞추어 코믹 댄스로 분위기 반전을 꾀하는 무대를 구상하였습니다. 코믹 댄스에 걸맞게 의상 역시 평범하지 않게 수면 바지를 입기로 결정하였습니다. 하지만 대회 전날 다른 반 친구들이 찾아와 '2학년 중 세 반이 참가하는 캐럴 대회에서 두 반이 수면 바지를 입는 것이 조금 불편하다.'는 의사를 전달하였습니다. 그 반 친구들 역시 오래전부터 캐럴 대회를 준비해 와 대회에 대한 열정이 남다르다는 것을 알고 있었기에 수면 바지를 고집하기에는 미안한 마음이 들었습니다. 일부 친구들은 '왜 우리가 양보해야 되느냐?'며 불만을 드러냈습니다. 그래서 의상에 대해 재투표를 실시하여 더 재미있는 의상을 생각해 보기로 하였습니다. 학교에서 입을 수 있는 교복, 체육복, 생활복을 적절히 활용하여 체육복 상하의에 교복 치마를 입는 방안을 제안하였습니다. 난해한 의상에 친구들은 부끄러워했지만, 모두가 함께 즐기는 무대를 만들자는 대회 참가 목적을 고려하여 결국엔 재미있어 하며 수긍하였습니다. 비록 주어진 시간은 짧았으나 최선을 다해 틈틈이 연습한 결과, 본 무대에서 모든 친구들이 흥에 겨워 최고의 무대를 선보였습니다. 친구들의 적극적인 참여와 열정을 뒷받침할 추진력만 있다면, 학급 행사를 즐겁게 준비하고, 의미 있는 결과물을 만들어낼 수 있음을 배웠습니다.

4. 해당 모집 단위 지원 동기를 포함하여 고려대학교가 지원자를 선발해야 하는 이유를 기술해 주시기 바랍니다. (1000자 이내)

중학교 때, 사회 선생님의 흥미로운 수업으로 학교에서 잠만 자던 친구들이 적극적으로 수업에 참여한 것이 인상 깊어 사회 교사를 꿈꾸었습니다. 고등학교에 진학하여 1학년 학술 동아리 E-누리 교육학 연합 학술제 활동은 교육에 대한 진로의 전환점이 되었습니다. '수행 평가의 확대'를 주제로 진행된 학술제는 '우리 사회의 교육 문제를 해결하기 위해서 사회 구조의 변화가 우선적이다.'라는 결론으로 마무리되었습니다. 이를 계기로 교육과 사회의 관계를 고민했습니다. 이후, 사회 구조적인 측면에서 교육과 사회의 변화가 모두 필요하다는 것을 깨달아 교육 행정가의 꿈을 키우게 되었습니다.

교육 행정가의 꿈을 이루기 위해 고등학교 생활 전반에 걸쳐 다양한 관점에서 교육을 바라보는 기회를 스스로 만들어 탐구하였습니다. 그중 교육에 대한 저의 생각을 확장한 계기는 3학년 세계 문제 발표였습니다. 개발 도상국의 교육 실태에 대한 발표에서, "교육에 투자하고 노력한다면, 해당 국가는 발전할 것"이라고 교육의 중요성을 강조하며 발표를 마무리했습니다. 하지만, 발표 이후 읽은 《그들이 말하지 않는 23가지(장하준)》에서 저자는 "교육을 더 시킨다고 나라가 더 잘 살게 되는 것은 아니다." 라고 이야기했습니다. 책을 통해 교육이 빈곤 국가의 발전을 이룰 것이라는 맹목적인 믿음에서 벗어나 다른 관점에서 교육의 목적을 바라봐야 할 필요성을 느꼈습니다. 《논어(홍승직)》에서 '옛날에 공부하는 사람들은 자신을 위해 공부했는데, 오늘날 공부하는 사람들은 남을 위해 공부한다.'라는 어구는 교육의 목적은 무엇이어야 하는지에 대한 질문의 답이 되었습니다. 교육의 목적은 자신의 인격 완성, 자아실현을 위한 것이 되어야 한다는 의미로 이해하였습니다. 나 자신의 내면을 완성시키기 위해 공부하면 남에게도 이로움이 전달될 것이라는 생각이 들었습니다.

고려대학교 교육학과에 진학하여 대한민국 교육을 넓고, 깊은 시각으로 탐구하고 싶습니다. 교육의 진정한 의미를 깨달음으로써 이로움을 전달할 수 있는 사람이 되고자 합니다.

03. 교육계열 초등교육

- 출신 고등학교 : 양산여자고등학교 (경남)
- 대학 및 학과 : 경인교육대학교 초등교육과
- 학번 : 19학번

◆ 내신 등급

구분	1학년		2학년		3학년	평균
	1학기	2학기	1학기	2학기	1학기	
전 과목	1.69	1.72	1.17	1.64	1.68	1.58
국영수탐	1.76	1.78	1.27	1.80	1.73	1.66

◆ 수시 합격/불합격 결과

대학	학과(부)	전형	합/불	비고
경인교육대학교	초등교육과	일반종합전형	최종합격	
제주대학교	초등교육과	일반종합전형	최종합격	
성신여대	의류산업학과	교과전형	최종합격	
대구교육대학교	초등교육과	일반종합전형	1차합격	타 학교와 면접 겹침
춘천교육대학교	초등교육과	일반종합전형	1차합격	
부산교육대학교	초등교육과	일반종합전형	불합격	

◆ 비교과 활동

(1) 자율활동

학년		주요 활동
1학년	1학기	장애인 이해 교육
	2학기	저작권 교육, 현장 체험 학습, 문학 콘서트, 학급 반장 활동, 학교 축제 오프닝 진행자, 독서 문화 기행

2학년	1학기	부산 지역 민주주의 현장 탐방, 우리 고장 역사 문화 탐방, 현장 체험 학습
	2학기	문학 콘서트, 수학여행 기획단, 합창 대회 파트장 활동
3학년	1학기	학교 폭력 예방 교육, 가정 폭력 예방 교육, 다문화 교육, 양성 평등 교육, 아동 학대 예방 교육

(2) 동아리활동

학년	동아리	활동내용
1학년	BEST 교육동아리	초등학생 학교 부적응 해결 방안을 주제로 한 연극을 통해 학교 부적응 해결 방안은 친구들뿐만 아니라, 교사의 공감과 끊임없는 관심이 중요함을 발표함. 직업인 인터뷰 설문지 작성을 하여, 진로 문제에 대해 고민하고, 초등교사가 되기 위해 필요한 준비 과정이 무엇인지를 파악함. 초등학생 대상으로 한 교구 만들기를 함. 이 활동을 통해, 학생들의 흥미와 재미있는 수업을 위해 어떤 교구가 필요할지 토론을 하고 만든 교구에 대해 조원들과 피드백 시간을 가짐. 꿈틀 지역 아동센터에 월간지를 만들어 기부함. 월간지에서 초등학생 심리 치료 부분에 관심을 가지고 잡지에 기고함.
2학년	에코봉사 동아리	초등학생들과의 원활한 소통 방법을 배우겠다는 다짐을 가지고 양산시 평생 학습 사업인 '에코패밀리와 함께하는 온누리 학습 교실'의 멘토로 참가함. '설탕 밀도 탑 쌓기'와 '에어로켓 만들기 및 발사하기' 탐구 활동을 담당하여 미리 실험해 보며 방법과 원리 등을 꼼꼼히 조사하고 위험 요소에 대한 파악을 완벽하게 준비함으로써 초등학생들이 실험 과정이나 원리를 쉽게 이해할 수 있도록 자료를 만들어 학생들 앞에서 발표함. 실험 용어를 이해하기 쉬운 단어로 바꾸고, 주의 사항을 자세히 정리하여 초등학생들에게 알려줌.
	다원 (자율동아리)	초등교사의 꿈을 가진 학생들과 자율 동아리를 개설하여 1년 동안 모의 면접하기, 교육 다큐멘터리 감상하기, 바람직한 교사상에 대해 발표하기, 사교육에 대한 토론 활동하기 등에 성실하게 참여하며 자신의 진로를 향해 적극적으로 노력하는 모습을 보였음.

3학년	다원 (자율동아리)	초등 교사의 입장에서 학교 현장에서 발생할 수 있는 여러 상황에 대해 생각해 보고 의견을 발표하며 토의와 토론을 통해 상대의 의견을 수용하고 비판하는 능력을 키웠음. 특히 초등학교의 SW교육을 의무화해야 하는가에 대한 찬반 토론 시간에 사회자 역할을 맡아 토론 순서를 설명해 주고 객관적인 입장을 유지하며 토론을 매끄럽게 잘 진행하는 모습을 보임. 초등학생들과 함께 교구 만들기를 하며 수업 시연을 통해 예비교사의 마음가짐을 경험해 보는 시간을 가짐.

(3) 봉사활동

학년	장소/주관 기관	활동 내용	누계 시간
1학년	지역아동센터	초등학생들에게 피아노를 가르쳐 줌.	16시간
	교내봉사조직 학습지원봉사단	멘토의 역할을 맡아 매주 월요일 밤마다 국어 과학 및 여러 과목에서 어려움을 겪는 학생들에게 많은 도움을 줌.	6시간
2학년	지역아동센터	초등학생을 대상으로 한 명씩 수준에 맞는 책으로 피아노를 가르쳐주는 봉사를 함.	58시간
	원동초등학교	초등학교 방학 두드림 캠프에 참가하여 만들기 활동과 체육 활동을 함께함.	36시간
	지역아동센터	중학생에게 교과의 학습 지도 봉사를 함.	32시간
	꽃들에게 희망을	꽃들에게 희망을 캠페인에 참여하여 직접 만든 면 생리대를 월경으로 학교에 가지 못하는 아프리카 여학생들에게 보냄.	2시간
3학년	지역아동센터	초등학생을 대상으로 한 명씩 각자 수준에 맞는 교재로 피아노 연주와 이론을 가르쳐 주는 봉사를 함.	36시간
	원동초등학교	원동초 여름 방학 두드림 캠프에 참가하여 초등 방학캠프 참여 학생 학습 지도 및 놀이 보조 활동을 함.	8시간

(4) 독서활동

학년	과목/영역	책 제목
1학년	국어	나미야 잡화점의 기적(히가시노게이고), 서울, 문학의 도시를 걷다(허병식 외 1명), 얼음 붕대 스타킹(김하은), 죽은 시인의 사회(N.H.클라인바움), 주먹을 꼭 써야 할까?(이남석), 꽃섬고개친구들(김중미)
	사회	1cm+(김은주), 마크툽(파울로 코엘로)
	한국사	순국처녀 유관순전(전영택), 덕혜옹주(권비영)
	공통	우리도 행복할 수 있을까(오연호)
2학년	문학	우리들의 다정한 침묵(리안 쇼), 나의 라임오렌지 나무(J.M 데 바스콘셀로스), 창문 넘어 도망친 100세 노인(요나스 요나손), 완장(윤흥길), 김약국의 딸들(박경리), 빨강머리 앤이 하는 말(백영옥)
	독서와 문법	위험한 비너스(히가시노 게이고), 아몬드(손원평), 백범일지(김구), 운다고 달라지는 일은 아무것도 없겠지만(박준), 어쩌다 어른(이영희)
	사회문화	달라진 수업, 행복한 학교(자유학기제 교사모임), 소리 없는 질서(안애경), 우리는 모두 페미니스트가 되어야 합니다(치아만다 응고지 아디치에)
	한국지리	내가 사랑한 유럽top10(정여울), 서울스토리(양희경 외 3명)
	음악과 생활	이PD의 뮤지컬 쇼쇼쇼(이지원)
	기술가정	정리의 신(스키타아키코, 사토고시)
	공통	살면서 쉬웠던 날은 단 하루도 없었다(박광수), 하멜 표류기(헨드릭 하멜), 보노보노처럼 살다니 다행이야(김신희), 100도씨(최규석)
3학년	화법과 작문	바깥은 여름(김애란), 품위 있는 그녀(극본 백미경/소설 이재인), 별(알퐁스 도데), 거리의 아이들(다마리스 코프멜), 학교에 오지 않는 아이(세이노 아쓰코), 나는 대한민국의 교사다(조벽), 곰돌이 푸, 서두르지 않아도 괜찮아(곰돌이 푸 원작)
	생명과학	재밌어서 밤새 읽는 인체 이야기(사카이 다츠오)
	공통	25년간의 수요일(윤미향), 10대를 위한 빨간 책(보 단 안데르센 외 2명), 왜 학교에는 이상한 선생이 많은가?(김현희), 나는 바보 선생입니다(박일환)

◆ 자기소개서

1. 고등학교 재학 기간 중 학업에 기울인 노력과 학습 경험을 통해 배우고 느낀 점을 중심으로 기술해 주시기 바랍니다. (1000자)

저는 고등학교에 들어와 처음 일본어를 처음 배우게 되었습니다. 다른 언어를 배운다는 것은 다른 문화와 소통할 수 있는 매개체이기에 저에게는 매력적인 분야입니다. 하지만 처음 배우는 일본어는 저에게 쉽지는 않았습니다. 일본어에 익숙해지기 위해 제가 생각한 방법은 저에게 친숙한 것과 공부를 결합시키는 것이었습니다. 그 첫 번째 방법으로 노래 부르는 것을 좋아하는 저는 당시에 유행하는 노래의 가사를 배운 단어들로 바꿔 부르며 부족한 어휘력을 보충하고 발음을 익혔습니다. 두 번째 방법으로는 '히가시노 게이고'의 책 《나미야 잡화점의 기적》에서 나미야 할아버지가 고민 편지가 도착할 때마다 미루지 않고 곧바로 답장해 주는 내용이 있었습니다. 그 장면에서 영감을 얻어 '바로 복습법'을 착안해 냈습니다. '바로 복습법'의 특별한 점은 단순 반복이 아닌 친구와 함께 '대화 형식'으로 복습했다는 점입니다. 상황에 맞는 억양이나 행동들을 넣어 가며 대화 형식으로 복습하자 문장을 무작정 외울 때보다 상황이 연상되면서 즐겁게 일본어에 익숙해질 수 있었습니다. 학교 선생님께서는 저의 '바로 복습법'을 눈여겨보시고 수업시간에 소개시켜 주시면서 학급에 '바로 복습법'이 유행하기도 했습니다.

'대중문화와 학교 공부의 결합'이라는 방법으로 학습하면서 단순한 여가로 여겨질 수 있는 대중가요, 문학 등이 학습을 즐겁게 하는 데 도움이 될 수 있다는 것을 깨달았습니다. 그런 깨달음은 다른 과목의 전체적인 성적이 향상하는 데에도 도움이 되었습니다. 또한 '바로 복습법'을 선생님께서 친구들에게 소개시켜 주시고 난 후 친구들이 제 방식으로 학습하는 모습은 또 다른 즐거운 경험이었고 동시에 새로운 학습 방법을 개발하는 것에 대한 자신감을 가지게 되었습니다. 나중에 교직에 서게 되면 주변의 소재와 연결하여 즐겁게 공부할 수 있는 학습 방법들로 학생들과 함께할 수 있는 교사가 되고 싶습니다.

2. 고등학교 재학 기간 중 본인이 의미를 두고 노력했던 교내 활동(3개 이내)을 통해 배우고 느낀 점을 중심으로 기술해 주시기 바랍니다. 단, 교외 활동 중 학교장의 허락을 받고 참여한 활동은 포함됩니다. (1500자)

사회문화 시간에 일탈 행동에 대해 배우게 되었습니다. 저는 특히 사회병리론 관점에서 바라본 일탈 행동의 원인이 가정이나 학교에서 사회에 필요한 규범을 제대로 사회화하지 못함으로써 발생한다는 내용이 인상 깊어 좀 더 공부해 보고 싶었습니다. 학생의 일탈 행동이 학교와 사회의 문제라면, 학생의 잘못에 대해 무조건 체벌을 하거나 벌점을 주는 것은 올바른 해결책이 아니라는 생각이 들었습니다. 동시에 올바른 사회화를 위한 학교와 교사의 역할은 무엇일까 고민하게 되었습니다. 학생의 일탈 행동을 통제하기 위한 수단으로 아직도 체벌에 대한 찬반 의견이 나누어져 있는 상황에서 과연 학생의 사회화를 위해 체벌이 도움이 될 것인지 생각해 보았습니다. 저는 일탈 행동과 해결책에 관해 공부하며 정리한 고민과 생각을 영어 시간에 '학교에서의 신체적인 체벌'이라는 주제로 발표했습니다.

체벌의 문제는 첫 번째로 아이들에게 마음의 상처를 남길 수 있다는 것, 두 번째로 해당 학생에게 문제 학생이라는 낙인 효과를 줄 수 있다는 것, 세 번째로 잘못하면 폭력을 사용해도 된다는 오해를 가지게 해서 또 다른 폭력을 낳을 수 있다는 점 등을 들어 체벌을 금지해야 한다는 내용을 발표하였습니다.

아쉬웠던 점은 아직 경험과 지식이 부족하여 일탈 행동의 예방, 해결을 위한 학교와 교사의 역할에 대한 대안을 많이 제시하지 못했다는 것입니다. 교대에 진학하여 교육학과 심리학을 탐구하며 이에 대한 다양한 해결책을 얻을 수 있을 것이라 기대합니다.

1학년 때 지역 아동 센터에서 중학생에게 영어를 가르치게 되었습니다. 중학생에게 영어를 가르치는 것이라 쉽게 생각하고 시작했지만, 막상 멘티를 만나보니 기초가 부족하여 첫 수업부터 난관에 부딪혔습니다. 저는 단순히 교재만으로 진행하는 수업 방식에서 멘티가 흥미를 가질 수 있는 수업 방식으로 변화가 필요하다는 생각을 하게 되었습니다. 친구들에게 의견을 묻는 등 고민 끝에, 교내 동아리에서 교구 만들기를 했던 경험을 살려 단어를 어려워하는 멘티를 위해 게임 형식의 단어 카드를 만들어 수업을 진행하고 영화에 나오는 대사를 짧게 보여 주며 영어 어휘를 익히게 도와주었습니다. 특별한 교구는 아니었지만 멘티의 눈높이에 맞춰 수업 방식을 조금 바꾼 것만으로 기존의 수업보다 멘티가 수업에 즐겁게 참여하는 것을 느낄 수 있었습니다.

멘티를 통해 경험한 학생의 눈높이에 맞춘 수업의 중요성은 2학년 때 동아리에서 초등학생 대상으로 실험 수업을 할 때에도 많은 도움이 되었습니다. 미리 실험을 하면서 초등학생 입장이 되어 어려워하는 것이 무엇일지 고민해 보았고, 실험 과정부터 과학 용어까지 초등학생의 눈높이에 맞춰 준비했습니다. 결과는 아이들의 높은 호응을 얻으며 대성공했고 학생의 경험과 눈높이에 맞춰 가르치는 것의 중요성을 다시금 느낄 수 있었습니다.

멘티와의 만남은 저에게 학생 눈높이에 맞춘 교육의 중요성을 일깨워 준 것과 함께, 지금 겪는 경험들 하나하나가 미래의 교사가 되었을 때 아이들에게 도움을 줄 소중한 자원이 될 것이라는 생각을 가지게 하였습니다.

3. 학교생활 중 배려, 나눔, 협력, 갈등 관리 등을 실천한 사례를 들고, 그 과정을 통해 배우고 느낀 점을 기술해 주시기 바랍니다. (1000자)

1학년 때 합창 대회를 준비하면서 급우들의 가창 연습을 도와준 경험이 있습니다. 그 경험을 토대로 2학년 때 자발적으로 소프라노 파트장을 맡게 되었습니다. 의욕이 앞선 저는 연습이 중요하다는 생각에 부족한 부분이 있으면 함께 연습하고 또 연습했습니다. 하지만 많은 연습량에 비해 실력이 늘지 않았고 연습 분위기는 점점 가라앉아 갔습니다. 친구들이 의욕을 잃지 않도록 연습 때마다 격려해 주고 힘들어 하면 쉬는 시간을 가지는 등 서로 노력을 통해 분위기는 다시 좋아졌지만, 실력은 제자리였고 우리는 해결 방안을 찾아야겠다고 생각했습니다. 저는 속마음을 나눠보는 시간을 갖자고 제안하였고 친구들은 합창에 관한 생각을 한 명씩 말하였습니다. 친구들이 힘든 점을 말하는데 각자 어려워하는 부분이 모두 달랐습니다. 지금까지 저는 개인의 어려움을 고려하지 못하고 전체의 초점에서만 문제를 해결하려 했던 것입니다. 소통이 부족했다고 생각한 저는 그때부터 연습하기 전 팀원들과 함께 의견을 나눠보는 시간을 가졌습니다. 각자 어려워하는 부분을 해결하지 못한 채 전체적인 연습을 계속하면 의욕을 잃을 수 있다고 생각하여 의견을 바탕으로 음정을 어려워하는 친구에게는 음정을 하나하나 가르쳐주고, 박자를 어려워하는 친구에게는 지휘를 익혀서 지휘자를 대신해 박자를 가르쳐주며 한 명씩 도와주었습니다. 각자의 문제점들을 해결한 후 전체적인 연습을 하니 더욱 효율적으로 연습할 수 있었습니다. 나아가 의견을 나누는 시간을 통해 팀원들끼리 서로가 어려워하는 부분이 무엇인지 알 수 있어서 팀원 서로가 도와줄 수 있는 부분은 함께 도와주어 전체 소프라노 팀의 실력을 향상할 수 있었습니다. 처음에는 파트장을 팀원들이 최고의 가창 실력을 갖도록 도와주는 역할로 단순히 생각했습니다. 하지만 이 경험을 통해 한 팀의 리더로서 모든 팀원과 함께 의견을 공유하고 협력하여 함께 성장하기 위해 소통할 수 있는 기회를 만드는 역할이 중요하다는 것을 느꼈습니다.

4. 초등교사에게 필요한 자질이 무엇이라고 생각하는지 쓰고, 그 자질을 갖추기 위해 어떤 노력을 해 왔는지를 구체적으로 기술해 주시기를 바랍니다. (1500자)

초등교사는 초등학생들이 학습을 즐겁게 할 수 있도록 도와주어야 합니다. 초등학생을 대상으로 피아노 교육 봉사를 하면서 피아노를 좋아하던 아이들이 곡이 어려워짐에 따라 점차 의욕을 잃어가는 모습을 보고 피아노를 잘 치도록 도와주는 것과 함께 피아노에 대한 흥미와 즐거움을 잃지 않도록 도와주는 것도 중요하다는 생각이 들었습니다. 먼저 의욕을 되찾게 하려고 연주하는 곡을 쉬운 곡으로 바꾸어 보았습니다. 의욕을 되찾은 후에는 어려워하던 악보에 쉽게 다가가도록 음표를 생략하거나 '나장조' 악보의 모든 음을 반음씩 높여 '다장조'로 수정하여 연주하기 쉬운 곡으로 편곡해 주었습니다. 또한, 아이들이 좋아하는 가수의 노래나 동요들을 가르쳐주고 노래에 맞춰서 연주도 해 보며 피아노를 즐기도록 도와주었습니다. 다행히 아이들은 피아노가 재미있다고 말하며 수업이 끝난 후에도 배운 곡을 계속 연습하는 모습을 보였습니다. 다른 학습 활동들에서도 피아노와 마찬가지로 아이들이 흥미를 잃지 않고 즐겁게 학습할 수 있도록 도와주는 초등교사의 역할이 중요하다고 생각했고 초등교사가 되면 학습뿐만 아니라 모든 활동에서 아이들이 즐겁게 할 수 있는 방법을 계속 탐구하고 실천할 것이라 다짐했습니다.

초등교사는 초등학생들의 정서를 이해하고 눈높이에 맞출 수 있어야 합니다. 초등학교와 지역 아동 센터에서 봉사하면서 초등학생들과 가까워질 수 있는 방법을 찾던 중 초등학생 때 당시 저희들의 관심사에 대해 잘 알고 계시는 담임 선생님과 쉽게 가까워졌던 기억이 떠올라 초등학생들 사이에서 유행하는 보드게임 '루미큐브'나 '다빈치 코드'의 규칙을 미리 익혀서 다음 날 쉬는 시간에 아이들과 함께 게임에 참여할 수 있었습니다. 또, 게임을 더 재미있게 진행할 수 있는 정보와 다른 재미있는 보드게임에 대해서도 찾아보고 아이들에게 추천해 주며 아이들과 공감대를 형성하여 한층 더 가까워질 수 있었습니다. 저의 이런 노력은 훗날 아이들의 행동을 이해하고 그들의 문화에 맞는 학급을 실천하는 데 좋은 영향을 미칠 것입니다.

초등교사는 바른 인성과 품성을 함양해야 합니다. 피아노 교육 봉사를 하던 중 아이들이 저에게 편지를 써 준 적이 있습니다. 그 편지 중에는 제가 좋은 이유와 함께 저에게 서운했던 일도 쓰여 있었습니다. 여러 아이와 한꺼번에 이야기하는 상황에서 한 명의 아이를 미처 신경 쓰지 못한 것이 속상했던 것입니다. 편지를 읽고 제가 한 작은 실수로 인해 아이들은 쉽게 상처받을 수 있다는 것과 선생님으로서 가져야 할 바른 인성과 품성의 중요성을 깊이 깨달았습니다. 행동에 더 신경 써야겠다고 생각했고 바른 인성과 품성을 기르기 위해 그때부터 다시 일기를 쓰기 시작했습니다. 하루 끝에 일기를 쓰면서 어떤 상황에서 어떻게 행동했는지 다른 사람들이 보기에 제 행동이 어땠을지 하루를 되돌아보는 시간을 가졌고, 행동하기 전 먼저 생각해 보게 되었습니다. 초등교사가 되어서도 일기를 쓰면서 매일 저 자신을 되돌아보는 시간을 갖고 하루하루 더 나은 사람이 될 수 있도록 계속해서 노력할 것입니다.

기회를 기다리는 사람이 되기 전에

기회를 얻을 수 있는 실력을 갖춰야 한다.

- 도산 안창호

우리는 학생부종합전형으로 대학 간다

초판 1쇄 발행 2021년 6월 30일

지은이 윤태호
펴낸이 이기봉
편집 좋은땅 편집팀
펴낸곳 도서출판 좋은땅
주소 서울 마포구 성지길 25 보광빌딩 2층
전화 02)374-8616~7
팩스 02)374-8614
이메일 gworldbook@naver.com
홈페이지 www.g-world.co.kr

ISBN 979-11-388-0008-2 (53370)